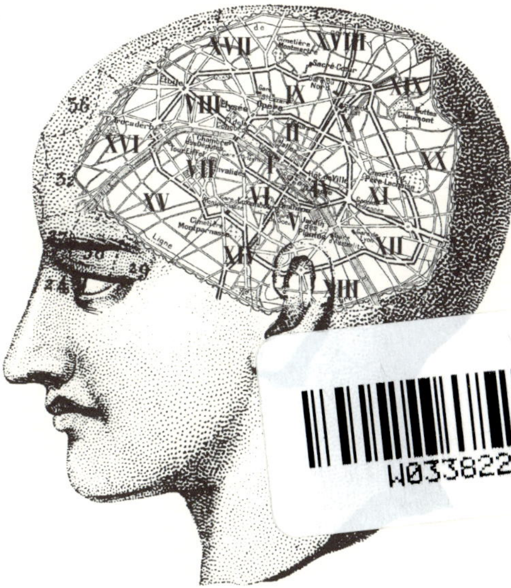

EX LIBRIS

PARIS
introuvable

L'Homme aux ailes voiles.

PARIS
introuvable

KAREN ELIZABETH GORDON

avec

BARBARA HODGSON
et
NICK BANTOCK

Traduit de l'anglais par Danielle Mémoire

Editions Abbeville
New York - Paris - Londres

Texte: © 1996, Karen Elizabeth Gordon
Conception, photographies et illustrations :
© 1996, Byzantium Books Inc.
Version française : © 1997, Éditions Abbeville, Paris
Mise en page de la version française :
X-Act, Paris

Titre de la version originale :
Paris out of Hand
Texte traduit de l'anglais par Danielle Mémoire

Dépôt légal 2e trimestre 1997
ISBN 2-87946-127-8
Imprimé à Hong Kong

Pour leur aide et leur générosité, nous tenons à remercier : nos éditeurs, Annie Barrows et Karen Silver ; Anne Hayes ; Brenda Eno ; Pamela Geismar ; Andrea Hirsh ; Marike Gauthier ; Danielle Mémoire ; Rastislav Mrazovac ; Linda Parker-Guenzel ; Grace Fretter ; Camilla Collins ; Guillaume Pineau des Forêts ; Sylvie Bourinet ; Jean-Jacques Passera ; Alain Bloch ; Marisa Mascarelli ; Irene Bogdanoff Romo ; Richard Press.

Les illustrations qui se trouvent sur les pages suivantes ont été créées en partie d'après les sources citées ci-dessous :

P. 2 : *L'Homme aux ailes voiles*: Reproduit avec la permission de Roger Viollet. © Boyer/Viollet.

P. 130 : *O Pti Cien* : 1902. Reproduit avec la permission de la Bibliothèque Nationale de France.

Pages de garde : © 1988 Edward Bawden. Reproduit avec la permission de The Estate of Edward Bawden.

P. 55, 56, 66, 74, 142 : Bowles et Carver, *Catchpenny Prints: 163 Popular Engravings from the Eighteenth Century*. New York, Dover Publications, Inc., 1970.

P. 41, 50, 55, 62, 108, 132, 136, 137, 145 : Grafton, Carol Belanger, *3,800 Early Advertising Cuts : Deberny Type Foundry*. New York, Dover Publications, Inc., 1991.

P. 23 : Grafton, Carol Belanger, *Treasury of Animal Illustrations From Eighteenth-Century Sources* New York, Dover Publications, Inc., 1988.

P. 5, 29, 113, 118 : Griesbach, C. B., *Historic Ornament : A Pictorial Archive*. New York, Dover Publications, Inc. 1975.

P. 57, 141 : Hart, Harold H., Hart Picture Archives, *Compendium, Vol. 1*. New York, Hart Publishing Co., Inc. 1976.

P. 30, 31, 35, 55, 56, 57, 107, 114, 156 : Harter, Jim, *Animals*. New York, Dover Publications, Inc. 1979.

P. 142 : Harter, Jim. *Food And Drink: A Pictorial Archive from Nineteenth-Century Sources*. New York, Dover Publications, Inc. 1979.

Pages de garde et p. 64, 65, 72, 73, 82, 97, 103, 122, 136, 138, 138, 140 : Heck, J.G. *The Complete Encyclopedia of Illustration*. New York, Park Lane. 1979.

P. 54: Lehner, Ernst et Johanna. *Picture Book of Devils, Demons and Witchcraft*. New York, Dover Publications, Inc. 1971.

P. 24–25, 59, 93 : Speltz, Alexander. *The Styles of Ornament*. New York, Dover Publications, Inc. 1959.

Ces illustrations sont extraites de collections privées. Nous avons apporté tous nos soins à mentionner les copyrights. Les corrections que nous recevrons après la parution de cet ouvrage seront ajoutées lors des éditions suivantes.

SOMMAIRE

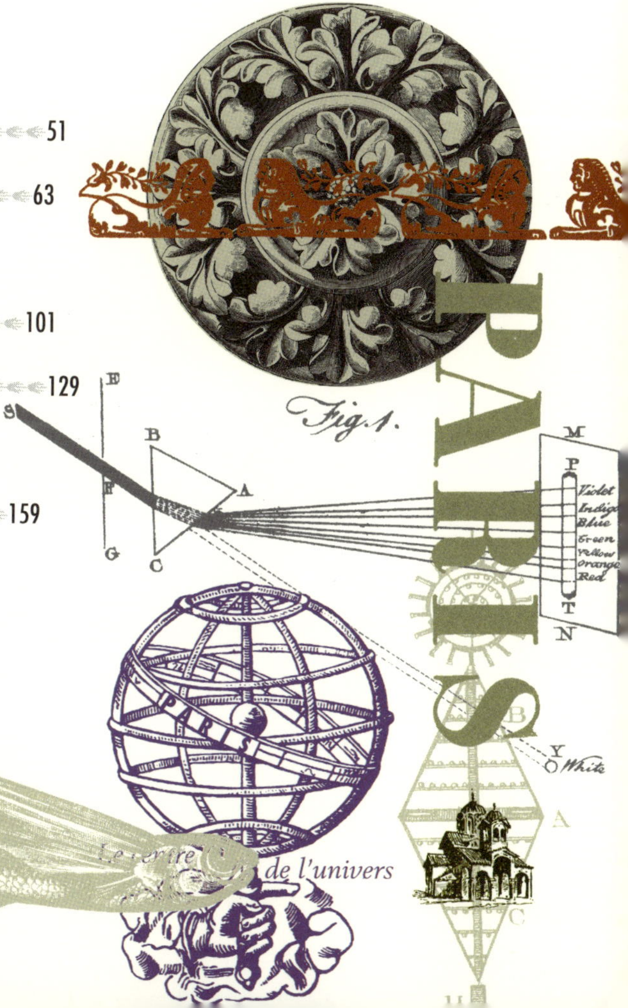
PARIS
Fig. 1.
Violet
Indigo
Blue
Green
Yellow
Orange
Red
White
PARIS
de l'univers

DE LA DANSEATRIC
DIREC
OISE

INTRODUCTION À

PARIS *introuvable*

Paris introuvable n'est pas l'un de ces guides ordinaires qui vous lâchent au premier pas dans un quelconque hôtel de la rive gauche ou au Louvre. Muni de cet objet extravagant, vous-même ne serez plus, si vous l'avez jamais été, un voyageur ordinaire. Introuvable mais dans vos mains, voici Paris par cœur, Paris par hasard, un capricieux itinéraire autour de la Ville Lumière, la Ville Ombre. Ici commence l'aventure surréaliste, par chevauchement de sens et sensations et rencontre imprévue, sur un lit d'hôtel, du bonhomme Michelin et d'une machine à coudre.

Nous attardant à des détails, et passant par-dessus stéréotypes et contrescarpes, nous vous menons jusqu'à la rive de ce qui pourrait advenir avant de vous laisser à vos propres espiègleries, épiphanies et désirs. Page après page, à travers l'assertion d'une improbable ville, nous aurons révélé celle qui existe, qui est là, ses charmes et alarmes, le Paris quintessentiel, celui dans lequel vous vous sentirez étonnamment, étrangement chez vous, et ce sera votre propre imagination qui sera la clef de votre chambre à l'Hôtel Aardvakian, au Triana ou au Quadrille. Vous n'aurez aucun problème pour passer la douane à l'Apollinaéroport : c'est le Douanier Rousseau qui en a la charge.

Mimant le décorum et la forme des guides les plus traditionnels, *Paris introuvable*, par ses gambades subversives, transforme le touriste pédestre en un explorateur plein de souplesse et de joie. Où les guides orthodoxes ne parlent qu'à une voix, vous entendrez dans celui-ci la polyphonie du cosmopolitisme contemporain, maintes voix s'alliant pour vous raconter des histoires et vous indiquer le chemin. En fait, c'est la ville qui écrit et illustre son propre livre de ses billets et tickets, de sa monnaie, de ses affiches, de ses panneaux de signalisation – jusqu'aux draps *Figaro* de l'Hôtel Taupique qui confèrent à leurs dormeurs l'instantanéité poétique et picturale du Cubisme.

Les photographies, les cartes, les collages conspirent avec le texte pour vous montrer quel voyageur téméraire vous êtes devenu. Les appréciations portées sur la qualité des hôtels, qui vont de bénignes à cruellement sévères, tirent des murs leurs secrets, des oreillers leurs confidences, et de la literie toute une littérature.

Traitant Paris avec un respect irrévérencieux et à tous les tournants prenant des libertés, ce guide curieux ne jette qu'un regard désinvolte aux couches les plus usuelles de la réalité pour en introduire de bravement nouvelles auprès de belles oubliées.

Lascivement iconoclaste, débridé, il lèche et déshabille la ville de Paris qui, voyageuse elle-même, admire dans la Seine son propre reflet, stupéfaite de découvrir que votre regard lui renvoie son regard. Car vous ne comptez pas moins dans ce livre qu'il n'est destiné à compter pour vous. Ce Paris sillonné, arpenté, mangé, enlacé, renouvelé, adoré, et toujours introuvable, demeure, malgré ses dimensions, particularités et créatures fabuleuses, enfoncé dans sa propre histoire, son art et sa littérature. Au cours de cette fervente exploration, vous risquez d'arriver à la compréhension exaltée de tout ce qu'est Paris *via* ce qu'il pourrait être.

Vous pourrez, dans ce Paris fuyant, changer d'hôtel en pleine nuit, échappant aux excès érotiques de l'Hôtel Jasmin pour les tiroirs cartographiques de l'Hôtel Fauteuil, aux sanglots et aux larmes de l'Hôtel Hélas pour les ornements gothiques du Petit Hôtel du Moyen Âge. Si vous venez à Paris dans l'intention d'y faire des achats, n'oubliez pas d'apporter votre poème favori et, après une séance de basse-couture à l'Arse Poetica, vous vous retrouverez assis dessus. Et puisque la boutique n'existe pas vraiment, vous n'aurez pas à craindre que les mots ne déteignent au premier lavage. À travers toute la ville, le Grand Magasin Molière peut pratiquement combler tous vos vœux, des drogues aux insultes et à la cochonnaille. Et si vous souhaitez plus de cette dernière, outre une occasion de vous dévêtir et tortiller dans la cabine d'essayage, à Tous les Deux Brasserie et Brassière, essayez donc les sous-vêtements tout en vous bourrant de saucisses et bières alsaciennes.

La ville vous passera vos lubies, mais il vous faudra accepter les siennes en retour. Ne vous laissez pas démonter si, prenant à main droite à l'ouest des Halles, vous vous retrouvez en plein dans une tranche étrange du Caire. Et si vous êtes à court de monnaie égyptienne, un saut au Crédit Égyptiens (sa momie de Napoléon, ses distributeurs hiéroglyphiques), et vous serez tiré d'affaire.

La nuit, vous pourrez vous encanailler dans les faubourgs, à La Taupe Têtue, être partie du spectacle aussi bien que spectateur aux Arènes de Tobermory, ou sortir de vos chaussettes au cours d'une scène des plus audacieuses avec les filles de La Pudeur aux Yeux. Le café Dada vous aura rompu au goût des cabrioles dont vous serez loin d'avoir vu la fin, et le café Nada vous aura permis d'épier le monde littéraire. C'est en vain que vous chercherez les deux cafés à leur adresse dans l'officiel *Plan par arrondissements*, et ainsi seulement que vous trouverez le vrai Paris, dont l'existence même et l'essence sont pour suggérer des possibilités toujours nouvelles.

Nous abandonnant à nos jeux, vous vous confierez alors à votre seule imagination, par où commence tout vrai voyage, sans itinéraire arrêté, ni rien à perdre que vous-même.

Paris introuvable vous renversera sens dessus dessous, vous retournera comme un gant sur son caressant carrousel, puis vous déposera dans les rues de Paris, l'esprit comme les yeux ouverts aux fantômes et aux ombres, à l'envoûtement des passages, au multilinguisme des rires et des murmures.

HÔTELS

«Ce garni romantique, dont les portes bâillent parfois, laissant apercevoir de bizarres coquillages, la disposition des lieux le rend plus équivoque encore que l'emploi peut-être banal qu'une population flottante en peut faire. Sur de longs couloirs qu'on prendrait pour les coulisses d'un théâtre, s'ouvrent les loges, je veux dire les chambres, toutes du même côté vers le passage.»

– Louis Aragon

 Lits inconfortables

 Bidet au centre de la chambre

 Cloisons minces – vos voisins vous entendent

 Cloisons minces – vous entendez vos voisins

 Lit double

 Lit quelque peu plus généreusement double

 Toutes cartes de crédit acceptées (ou exceptées)

MÉFIEZ-VOUS

 Le concierge n'en perd pas une

 Coiffeur attaché à l'établissement

 Vous pouvez ne pas laisser votre clef au bureau

 Téléphone dans les chambres. Amplificateur de volume pour non francophones

 L'*étageliste* porte une moustache (voir page 33)

 Cupidon a habité l'hôtel

 Couvertures rabattues, chocolats sur l'oreiller

 Couvertures rabattues, poissons sur l'oreiller

Sorties de secours immanquables 

Lits pliants 

Balcons pliants 

Dentiste disponible 

Coups de fil gratuit à votre mère 

Tarifs saison / Tarifs hors saison  

Fermé pour la saison des tulipes en Hollande 

Les fumeurs de cigare sont les bienvenus 

Rêves garantis / Extincteurs de cauchemar  

Insomnie assurée 

Le port du fez n'est pas obligatoire dans les couloirs et à la réception 

Enregistrement rapide à toute heure 

Porteurs angora 

Ceci n'est pas un hôtel 

HÔTEL HAUSSMANN
75, rue Dialosque

Le bruit des moulins n'est perceptible depuis aucune des chambres.

Le bidet Louis XVIII n'est plus disponible.

Préparez-vous au marathon.

HÔTEL HAUSSMANN
LIVRE D'OR

Je ne comprends pas comment vous osez présenter ici un livre d'or : votre duplicité s'étale scandaleusement – pour commencer, vous ne m'avez pas informé du changement de nom lorsque vous avez répondu à ma demande de réservation à l'Hôtel Lolo où j'avais passé, il y a plusieurs années, un si délicieux séjour. Parodier à votre petite échelle les conceptions haussmanniennes vous aura semblé extrêmement drôle, je suppose – toutefois, mes promenades à travers vos démesurés corridors (quel trop-plein les destiniez-vous à évacuer, d'ailleurs ? l'équipe russe de football, une bande de joyeuses *grisettes* à sa remorque ? ou bien offrez-vous ces généreux espaces aux gauchos nostalgiques de l'horizontal vertige des pampas ?), mes promenades m'ont révélé que certaines parmi les plus pittoresques de vos chambres et alcôves avec sofas avaient disparu sans espoir de retour : la 17 avec vue sur la 22 de l'Hôtel des Apaches de l'autre côté de la rue et son très visible occupant (un écossais travesti professionnel, engagé aux Monstres Sucrés pour la durée de la saison, avec qui je me trouve avoir échangé de longues confidences); la 4, avec son bidet Louis-XVIII; la salle à petit déjeuner, d'une intimité si désarmante que les clients ne pouvaient y entrer que titubants, qu'empantouflés, qu'ensommeillés, leurs rêves encore emmêlés dans leurs cheveux.

Mais la perversité la plus monstrueuse de toutes est d'avoir ravagé les plans et la géométrie au cœur d'un espace épargné par la main d'Haussmann – l'innocent, l'idyllique, le sordide, le vénal Montmartre dont on entend encore, par les nuits venteuses, grincer les moulins en allés. Inutile de dire que je règle ma note et emporte avec moi mes sentiments et mes désirs. J'irai dans le Marais, s'il reste une chambre au Souci Rigoli, et sinon au Carrington – là, au moins, on sait à quoi s'attendre, et on fournit costumes et accessoires

NE PLEURE PAS VOYAGEUR ADULÉ, LES TRACES DE L'ÂNE (AUSSI PEINTRE) LOLO NE SONT PAS EFFACÉES. TU PEUX LES POURSUIVRE : PRENANT À MAIN DROITE DANS LA RUE LA GOULUE, AU NUMÉRO 15, TU TOMBERAS SUR LA GALERIE LOLO.

Nous n'avons pas cru nécessaire de décrire cet hôtel plus en détail, étant bien assez explicite l'appréciation fulminée par un seul client. Après l'ouverture de l'hôtel, un livre d'or a pendant peu de temps sollicité les commentaires, lesquels commentaires, ordinairement injurieux, exposés aux yeux de tous, ne pouvaient qu'éloigner les gogos. L'un des membres de notre talentueuse équipe a pu détourner l'attention du gardien de nuit le temps qu'un autre parvienne à faucher ledit livre derrière une pile de lettres – dont quelques *petits bleus* – qui n'arrivèrent jamais à leurs destinataires.

HÔTEL SOUCI RIGOLI

10, rue Larmonix

Livre d'or

Je suis arrivée ici sinon de la pampa, du moins des vastes étendues de la maison et atelier où habite, fait la cuisine, joue avec les formes et les lumières mon ami l'artiste abstrait argentin El Gaucho Geometrico, après qu'il eut insisté pour équiper en vue de l'hiver mes pieds d'une paire de bottes de Bali que nous avions dénichées rue des Pyrénées. Portant sur la chambre un regard désolé mon ami a dit : «C'est une cage de lapin», et j'étais d'accord : «mais un très agile».

La vue des bottes près de mon lit, la première nuit, m'a tant émue que j'ai écrit un poème sur un bout de papier dont j'ai mis une moitié dans chacune. C'était avant d'avoir découvert le cahier sous l'oreiller, avec mon propre nom sur la page de garde auprès de «Hôtel Souci Rigoli». Les autres clients, musiciens de métro, pratiquent, quand ils sont là, leur violon, violoncelle, saxophone et ressorts à matelas, à l'exception des deux gars de Cornouailles qui passent leur soirée à tricoter écharpes et casquettes dans leur chambre, c'est-à-dire le grenier, quand ils ne sont pas occupés à transformer les wagons du métro en une débauche d'ululements celtiques, ou à manger du couscous rue Pavée. Le sculpteur/clarinettiste d'Alabama a enregistré ma frappe pour la mêler à sa composition «Concerto a Due pour clarinette et Olivetti». Ce sera, au Village Voice, la musique de fond d'un prochain vernissage.

Mes bottes, plongées jusqu'aux genoux déjà dans les mœurs du monde, feignent l'innocence chaque fois que je souhaite géographiquement et métaphysiquement, faire, le point, je me suis donc mise aux Gitanes – quoi de mieux ? – pour démontrer l'infinité de ma patience et de mon insouciance.

– K

Vocabulaire de base pour remplir le livre d'or de l'Hôtel Rigoli : *Rigolo* : amusant, comique, drôle. *Rigoler* : rire, s'amuser, être en accord avec ce guide. *Juste pour rigoler* : juste pour s'amuser. *Souci* : alarme, inquiétude. *Sans souci* : insouciant.

HÔTEL RÉSIDENCE SAINTE CLEMENTINE LE CHARPENTIER
49 bis, rue des Martyrs Inutiles

 Plafonds très bas

Si votre séjour à Paris doit durer, et si le Souci Rigoli est trop rigolo pour vos patientes études et discrètes indiscrétions, vous pouvez envisager de descendre dans un hôtel à la semaine tel que l'Hôtel Résidence Sainte-Clémentine-le-Charpentier. Les tarifs y sont plutôt plus bas – tant mieux s'il n'en va pas de même des plafonds – et les clients imprévisibles de toutes les manières non couvertes par le règlement affiché à votre porte ou découvertes par le personnel à pied d'œuvre pour le renforcer. Sise dans le XIXe arrondissement – avec une sœur plus rassise dans le VIIe –, la Résidence Sainte-Clémentine vous propose des chambres classées de la mignonne minimale à la spéciale spacieuse.

HÔTEL DES ETRANGERS
56, rue Oncle Yquem

À LA RÉCEPTION :
Mon Doppelgänger travail au noir dans un autre hôtel ce soir – il est obsédé par les chaussures.

L'Hôtel des Étrangers occupe un immeuble où ont été filmés plusieurs épisodes de *Fantômas*. L'étranger, de nos jours, y cède la place à l'étrange. L'Hôtel des Étrangers accepte, avec les clients, leur ombre; celle d'un doute entraîne un service amélioré. Votre double paiera demi-tarif hors-saison; on attendra de lui, toutefois, qu'il porte assistance aux insomniaques. Le protocole de l'hôtel a inspiré à un producteur de vin californien qui y séjourna en 1938 l'appellation contrôlée de *Shadow neuf du Pape*.
On ne saurait trop insister sur ceci que, si tolérant que se montre l'Hôtel des Étrangers à l'endroit

De la reception : Bonne nuit blanche

des Doppelgängers, insomniaques et autres rêveurs de vestibules, la question des pourboires n'en est pas moins soumise à une réglementation stricte : aucun membre du personnel n'acceptera la monnaie étrangère des repas du Café Dada. Au cours d'une dure et longue grève, avec manifestes, lectures de poèmes de femmes de ménage, draps déchirés à la mode Jean Arp, soudains échanges de chambre en pleine nuit orchestrés par les portiers en grève (avec pour résultat des rêves en lambeaux desquels les clients qui les firent ou ne se remirent ou ne revinrent jamais) – bref, vous voyez le tableau : l'intense émotion suscitée auprès des employés par les pourboires pastiches, si appropriée que fussent ces espèces aux changeantes frontières du continent. (Certes, une fois l'Europe marchant à la monnaie unique, les vieux Deutschmarke, florins, shillings, dinars, pesetas et toutes les lires gagneront en valeur sentimentale et entraîneront de nouvelles négociations).

L'HÔTEL FAUTEUIL

189, rue des Allumettes

Un hôtel-maillon

Cet hôtel commode a l'obligeance de fournir des plans à sa clientèle. Ceux-ci, collés dans les tiroirs, vous permettent de transporter vos affaires avec l'assurance de ne pas vous perdre en chemin. Un établissement de la même chaîne vous accueille à Malle et Aix-les-Caisses.

HÔTEL JASMIN

Commentaire de nos hôtes aimables

Hé! Je croyais être venue dans cette ville à la recherche de paix de l'esprit. Mes amis disaient :«Pourquoi Paris ? Pourquoi pas Bali ou la Martinique ?» Alors qu'est-ce qui se passe à mon arrivée ? Le taxi de l'Apollinaéroport se rend, par la rue de la Fidélité, à la rue de Paradis? Jusque-là, ça va; c'est la rue des marchands de cristallerie, les vitrines le proclament. Mais la course se termine juste en face du passage du Désir, avec trente-deux chattes en chaleur et une madame qui les fournit en maquereaux. Est-ce que vous imaginez que j'ai eu le moindre temps à consacrer à l'Alliance Française et au rhinocéros qui enseigne aux débutants ? Telle les chattes avant la rencontre, j'ai arqué mon dos et me suis roulée devant les Bourgeois de Calais (qui ont légèrement tressailli en réponse), me frottant aux jambes empantalonnées et aux chaises Louis XV, et lançant à travers la nuit mes appels avec tous les autres occupants de cet hôtel pas cher mais extrêmement érotique.

Maquereaux : poisson et / ou proxénète.

HÔTEL JASMIN
69, rue Zazie sans Culottes

HÔTEL TAUPIQUE

Dans toutes les bonnes stations de métro

Livre de chevet à l'Hôtel Taupique

«Longtemps la petite taupe s'est couchée de bonne heure. Parfois, à peine la nuit devenue plus noire encore dans son terrier, sa tête tombait si vite entre ses pattes qu'elle n'avait pas le temps de se dire : «Je m'endors.» Et une demi-heure après, la pensée qu'il était temps de chercher le sommeil l'éveillait ; elle voulait poser la terre qu'elle croyait avoir encore dans les pattes…»

– Gilbert Lascault

C'est le seul hôtel de la ville où l'on descende véritablement.

Deux types de chambre : Classe Clochard et Classe Luxe.

Le Taupique se distingue par sa literie. Dans l'aile Clochard, le client est invité à se coucher dans la dernière édition du Figaro. Contribuant au roupillon du pauvre, le client des suites Luxe repose entre les draps de l'étoffe la plus fine imprimée des dernières nouvelles. Les draps sont changés tous les jours afin que le dormeur de luxe puisse se tenir au courant de l'actualité.

En de rares occasions, le client pressé se jettera dans la première voiture d'un métro en partance, avec envol d'habits échappés des valises, rasoir en main, ou sèche-cheveux. Une barbe à demi faite, une coiffure en désarroi : presque à coup sûr un client du Taupique.

Le Taupique est cousin de l'Hôtel Taupinière, situé en banlieue, et non entièrement souterrain, ce qui facilite culture, sculpture et jouissance jardinières. Les arbustes ne sont pas tous taillés en forme de taupe* : tigres, gazelles, chameaux, chimères, passagers du R.E.R. se voient aussi. Si vous avez de la chance, durant votre séjour à la Taupinière, l'un des jardiniers vous prendra pour modèle. Vous pourrez ensuite commander au kiosque voisin un jeu de cartes postales, vous représentant en profil touffu ou, jambes et bras écartés, de face (dans le cas où le jardinier a requis de vous une pose voluptueuse). Si habiter loin du centre-ville ne vous pose pas de problème, et si vous voulez faire des économies, c'est le bon choix : les chambres coûtent deux fois moins cher que dans les quartiers touristiques. Pour l'entretien sans à-coups des hôtels, l'administration des Deux Taupes, comme on dit par abréviation, engage des malvoyants. Ils lissent les draps, servent café et croissants aux luxistes comme aux clochards, accueillent les arrivants et leur montrent leur chambre.

* Topiary : topiaire (Larousse – Grand Dictionnaire English-French / Français-Anglais – La référence universitaire et professionnelle)

HÔTEL DES HORLOGES
6, rue des Horloges

QUESTION PLAUSIBLE :
(Pointant du doigt un pensionnaire) :

Quelle heure est-il?

Chronologiquement sinon spatialement obligeant pour le client. Face à l'excentrique Musée des Horloges et Circonstances*
L'unique hôtel, à notre connaissance, où l'on ne vous demande pas *À quelle heure désirez-vous être réveillé(e), madame, monsieur ?* Ici, on vous demande *Quelle heure désirez-vous qu'il soit ?* Et l'on vous présente celle de votre choix. Ainsi le voyageur arrivé exténué, échevelé, débraillé, désorienté, sur le coup de 17 heures, peut-il demander un changement pour 9 heures et se retrouver aussitôt prêt

A l'Hôtel des Horloges, les nuits blanches ne devraient pas poser de problèmes.

à sortir dans la fraîcheur d'une brise matinale, bagages défaits et toilette achevée.
Merveille d'organisation, l'Hôtel des Horloges répond aux besoins des voyageurs de toute zone horaire.
★ Horaires irréguliers

HÔTEL TRIANA
428, avenue Alexis de Taupeville

Avec le restaurant Au Hasard Babar, l'Hôtel Triana est le grand favori des enfants – tout spécialement de ceux qui ont eu maille à partir avec leurs parents, lesquels les accompagnent avec peur et à contre-cœur. La plupart des membres de l'équipe sont des orphelins volontaires qui gagnent ainsi des points d'avance dans leurs études. Ils tendent à se réserver les meilleures chambres et n'y font jamais le ménage. Le petit personnel toutefois consiste en adultes consciencieux, anciens avocats, banquiers, agents de police, si bien que votre propre chambre ne pourra être qu'impeccable. Dans le cas où vous n'auriez rien contre le renversement des rôles et pouvez supporter un chahut occasionnel, vous ne trouverez pas meilleur marché (fort loin, il est vrai, de toute librairie et architecture pompeuse), puisque les gosses n'ont pas pleinement saisi le complexe système de tricherie et de défense qui maintient le monde adulte en mouvement et dettes perpétuels.

Hôtel Quadrille

6, rue Claire

Livre d'or

VOS OBSERVATIONS SONT LES BIENVENUES

Chambre nº 8 : M. Homard, New York.

Je l'adore, cet hôtel; il me rappelle mon enfance au bord de la mer – et me convient presque autant.

Je ne pense pas vous avoir jamais dit comment je suis venu la première fois : l'employé de l'agence qui a organisé mon dernier voyage est l'un des rares types de la ville à parler vraiment français (je suis bien content que ce ne soit le cas d'à peu près personne d'autre : on n'en finirait pas de se payer la tête des gosses), et l'idée d'un Monsieur Homard à l'Hôtel Quadrille l'a amusé. Il doit également être en relations d'affaires avec le Wonderland. Et maintenant, un conseil (je suis moi-même un homme d'affaires) : vous devriez vraiment penser à mettre un monogramme sur votre literie pour rivaliser avec la taupe du Taupique. Pourtant, même si ma tête pouvait reposer sur un oreiller ainsi délicatement orné d'ici la fin de mon séjour, cela ne saurait soulager la douleur que me cause l'absence de ma femme, toute la nuit dernière, et son retour, mine de rien, à l'aurore.

Elle dort encore et répand autour d'elle un mystérieux parfum de haute mer.

HÔTEL TRIANA

Commentaire de nos visitours

Je suis ici pour la durée des vacances de Pâques avec ma fille Natasha, bien gentiment, rien que nous deux, pour une fois. Nous avons visité le musée Carnavalet, et nous nous sommes imaginées à Paris à travers les siècles, en escholiers au Moyen Âge, en dames d'atours au Palais du Luxembourg, en pétroleuses sur les barricades, pendant la Commune. Nous avons dû visiter Versailles, pour y trouver l'or et l'ostentation (j'ai tenu ma fille à distance des miroirs sanglants), et les jardins de Le Nôtre, et les fontaines. J'ai raconté à Natasha comment Marie-Antoinette jouait à la bergère avec moutons enrubannés et parfumés, plus propres sans doute qu'elle ne l'était elle-même : nous avons parlé franchement de ces choses. Natasha avait lu, en anglais, une version pour enfant des *Mémoires* du duc de Saint-Simon à son cours de l'Alliance Française des Enfants. On y apprend en tout cas à faire un mille-feuille, ce qui n'est pas mal pour une fillette de huit ans. Vous voir, vous, les gosses, diriger votre propre hôtel lui donne des idées (elle dit qu'elle veut être aubergine quand elle sera grande. Elle croit que c'est le nom qu'on donne aux tenancières d'auberge). À Versailles, nous nous sommes laissées aller à rêver d'une noblesse jouant à des jeux vidéo – machines par galeries entières retenant les petits marquis en perruque poudrée entre une peccadille et un lavement (du moins est-ce moi qui y ai pensé : ainsi que je l'ai dit, le Saint-Simon de ma fille était une version un peu édulcorée). Et aujourd'hui, le dernier jour, nous nous sommes rendues au musée de la Poupée et de la Marionnette. Eh! bien, je ne m'attendais pas à certaines des choses que nous y avons vues – et qui n'étaient pas mentionnées dans le *Paris pour les petits* des Éditions Galopin. Une poupée Ubu parlante, débitant ses obscénités dans toutes les langues (j'en ai reconnu quatre). Plus troublante encore était la collection des poupées de Marie-Antoinette, dans un panier, la tête arrachée : c'est ainsi, explique la plaque apposée près de cet outrage, que la reine jouait dans la dernière semaine de sa vie, pour s'habituer. Nous-mêmes sommes certes habituées à la violence, et aux indicibles horreurs de notre environnement urbain, mais j'avais cru pouvoir espérer que notre dernière sortie dans Paris serait simplement délicieuse, civilisée, avec thé pour finir, au Café Frangipane, et voilà, à la place, ce dont nous garderons le souvenir le plus vif, tandis que, pouffant de rire, nous échangerons des regards secrets, à la table familiale, à Boston, d'ici deux semaines. Merci beaucoup pour l'amusant séjour qui a été le nôtre grâce à vous. Nous laissons un généreux pourboire aux grandes personnes de votre équipe. N'avez-vous jamais été poursuivis pour détournement d'adultes ? Je me rappelle cette parole de Balzac : «Les enfants! Vous les mettez au monde, et ils vous en chassent.»

Mme Lafont

PETIT HÔTEL DU MOYEN AGE
17, rue des Charmes

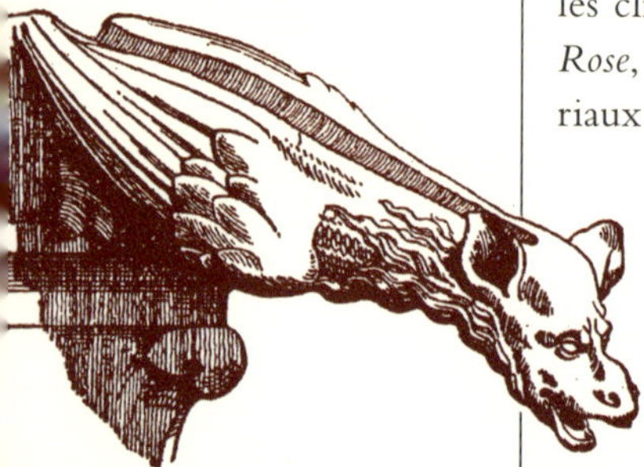

ATTENTION :
en ce temps-là toute pierre symbolisait une qualité ou sacrée ou trop humaine; choisissez la vôtre avec soin.

«La logique m'a rendu odieux au monde.»

– Abélard.

Couvre-chef à l'usage des messieurs.

Ceci n'est pas une nappe d'huile, mais une goutte d'eau de votre baignoire.

Avec des gargouilles pour robinets dans les lavabos et les douches, et l'eau de pluie sale pour vous laver la tête, le Petit Hôtel de Moyen Âge est un lieu où les médiévo-fétichistes se côtoient en cotte de mailles. Vous y entendrez également les clients dialoguer par stances du *Roman de la Rose*, penchés sur leur petit-point et d'immémoriaux petits fours, parmi les velours et brocarts du foyer. À un jet de pierre* de Notre-Dame, de Cluny, de Saint-Séverin, de la clairière où des milliers d'escholiers, jadis, écoutaient avec dévotion le logicien et saint homme Abélard, cet hôtel allie confort moderne et primitivité selon les lois d'une impénétrable logique. L'oubliette est très demandée : si vous souhaitez y séjourner, il sera sage d'avoir réservé longtemps à l'avance et d'y arriver bien en chair.

GRAND HÔTEL DES ECHECS
4, impasse de Godot

Du fait du double sens, le Grand Hôtel des Échecs attire une foule mêlée – maîtres et amateurs, d'une part, clients gémissant ou se rengorgeant de leurs dernières erreurs et méditant une prochaine décennie de débâcle, d'autre part. Parler l'angoisse est rarement nécessaire, même si la réclame linguistique exerce son attraction sur un triste assortiment de perdants et de souffrants à la recherche d'un emploi. C'est, pour certains, l'étape vers la guérison qui suit le séjour à l'Hôtel Hélas.

"Ici on parle l'angoisse"
"Anguish spoken here"

Le décor a été conçu pour séduire le premier groupe : vous trouverez des cavaliers dans l'ascenseur ou la spirale de l'escalier, des reines dans les placards et des motifs en damier un peu partout.
Les simples pions récurent la porcelaine et font les lits. Le fou est veilleur de nuit. N'allez risquer à aucun prix votre plaisanterie sur le prélude à l'après-midi d'un fou, vous vous retrouveriez échec et mat et mort – ou, à tout le moins, partie de l'*autre* groupe de clients, avec ses regrets, ses complicités, ses faux pas.

HÔTEL CÉRAMIQUE
22, rue des Espions

Jadis situé sur le terrain des Tuileries et fréquenté par les tuiliers du roi, aujourd'hui un peu en amont.
Chaque chambre y est d'un émail différent, avec, pour ranger vos affaires, armoires laquées et malles assorties.
Une chambre, *la chambre aubergine*, est inachevée, et

«Mon papier peint et moi nous livrons un duel à mort. L'un de nous deux doit partir.»

– Oscar Wilde

Le symbole ci-dessous signifie que le lieu mentionné existe véritablement.

Bibliothèque Forney

«Tout au fond de l'ombrelle
je vois les prostituées
merveilleuses
Leur robe un peu passée
du côté du réverbère
couleur des bois
Elles promènent avec
elles un grand morceau
de papier mural»

– André Breton

interdite. Le propriétaire laisse entendre qu'il rebaptisera l'hôtel «l'Auberge Céramique» quand le triomphe sera complet : la céramiste danoise en est encore à la recherche du procédé de glaçure qui reproduise à la perfection la peau d'aubergine. L'hôtel compte parmi sa clientèle de nombreux artisans qui apprécient l'atmosphère et la quasi-proximité (charmante promenade le long de la Seine, ponts et îles à volonté) de la Bibliothèque Forney, où vous découvrirez que divers matériaux, principalement le papier et ses proches parents, ainsi que leur histoire, ont été amoureusement préservés et catalogués – jusqu'aux sacs des plus criards fast-food qui voisinent avec les suaves papiers peints du XVIIIe siècle. Ce furent les ouvriers de la maison de papier peint Réveillon, Faubourg Saint-Antoine, desquels les doléances donnèrent le coup d'envoi de la Révolution Française.

Et ce fut là une digression, mais bien dans la manière des conversations qui se tiennent au salon verni beurre frais (duquel les ornements évoquent le sommet d'une brioche avec ressauts et détails de crème) des petits déjeuners de l'Hôtel Céramique.

Petit Hôtel du Moyen Age
Livre d'heures

Chers Madame et Monseigneur,
Vos maintes bontés me touchent moult : le savon au bois de santal, les pantoufles d'hermine, le pas des licornes au-dessus du plafond. J'ai choisi cet hôtel parce que j'ai été férue des troubadours bien avant l'âge de la ceinture de chasteté, que j'ai eu pour sujet de thèse *Imagerie, allusion et amphibologie dans la correspondance d'Héloïse et Abélard*, que j'ai lu *la Papesse Jeanne* quand j'étais enceinte de mon premier enfant. Je ne me suis jamais déprise du Moyen Âge et mon mari déplore encore mon insistance à vouloir le voir porter ma jarretière à sa manche lorsqu'il part pour son bureau dans notre dragon d'argent Mercedes Benz. Dès le point du jour, le chant des matines à travers les couloirs me nourrit si bien et le corps et l'âme que je peux sauter votre un peu trop authentique petit déjeuner – ma seule critique, outre la poussière, la boue, la vermine, et les conseils contre la Male Mort affichés dans la salle-de-bain. Naturellement, je lanterne ici plus que je ne devrais, à converser avec les gargouilles gargouillant d'eau froide dans mon lavabo. J'apprécie également la proximité du musée de Cluny (les concerts flattent mon ouïe, *la Dame à la Licorne* m'ayant donné le ton), le restaurant d'Abélard et, divin ruban au flanc de la Montagne Sainte-Geneviève : le cloître, Saint-Séverin, Saint-Étienne-du-Mont et ce bijou inattendu qu'est une petite église catholique syrienne, rue Valette, en montant vers le Panthéon. Soit dit en passant, j'avais à peine retenu ma chambre que je suis allée au Musée de Cluny où un lévrier de *la Dame à la Licorne* a attiré mon regard, spécialement par l'exquise courbe de sa queue. Plus tard dans l'après-midi, je jurerais avoir vu le même chien couché en rond au pied d'un passager du métro, direction Porte de Clignancourt.

–Sigismund Lolotte Flint-Page

Hôtel Quadrille

6, rue Claire

Livre d'or

VOS OBSERVATIONS SONT LES BIENVENUES

Chers Madame et Monsieur,

Les profondeurs de votre hospitalité me touchent insondablement. J'ai beaucoup apprécié les journaux du matin – et que vous êtes cosmopolites : jusqu'aux dernières nouvelles de Prague, et en anglais et en tchèque! –, les apéritifs, les jolis dandies que vous avez engagés comme soubrettes.
Nous avons ici, M. Homard et moi, trouvé l'occasion de nous délivrer de nos ressentiments, d'oublier les enfants et d'aller danser sur une barge près du Pont des Mercredis. Mon mari était fermement décidé à ramasser un peu de sable entre ses doigts de pied, mais il m'a laissée l'attendre tranquillement sur le tillac, et j'ai pu garder mes sandales. Est-ce qu'on dit d'une barge qu'elle a un tillac ? Elle est un tillac. Mais excusez-moi de me perdre en propos futiles avant d'en venir à ma confession : la nuit dernière, j'ai disparu et j'ai sans nul doute effrayé le veilleur de nuit, lorsque je suis rentrée à l'aube, un grand saumon sur l'épaule, souriant jusqu'aux oreilles (moi, pas le saumon – j'avais passé toutes ces heures en délicieuse compagnie). Il y a plusieurs nuits, au Chat-Qui-Pêche, je m'étais frayé un chemin jusqu'aux cuisines dans l'intention d'y flairer quelques secrets et imaginez un peu que, tout à coup, le sous-chef m'invite à l'accompagner à Rungis (le lendemain était vendredi, jour de bouillabaisse). Il est venu me prendre au coin de la rue, dans sa camionnette Peugeot, et nous sommes arrivés dans les effervescents faubourgs du commerce nocturne, autour des deux heures du matin. J'ai remarqué, dans les cafés de la grande poissonnerie, que tous accompagnaient leur bière d'un sandwich au jambon ou au roastbeef, ni huître ni crevette en vue. Revigoré par une moutarde à tuer un cheval, Jules m'a menée à travers ce pays salin des merveilles, scintillant

de millions de plates, écailleuses, gonflées, carapacées, caparaçonnées créatures, bouches béantes, mortes et vives, en piles, cageots, bocaux, réservoirs, dans l'atmosphère de fumée détrempée de milliers d'hommes fumant cigarettes en bottes de caoutchouc, achetant, vendant, strictes tractations marchandes de toutes parts, hors l'incongruité que j'étais moi-même, étrangère à ce monde. Intense densité de vie – et penser que tout cela n'est que la prise de deux jours! Toutes les mers du monde étaient sur place, et tant de rivières, de nationalités – j'en perdais le souffle. Heureusement, j'ai appris depuis peu à respirer avec les ouïes, ainsi ai-je pu survivre au spasme de la stupeur.

Excusez-moi aussi pour les chaussures que j'ai laissées dans le couloir – je crains que brosse et cirage ne puissent rien contre les fruits de mer. Les coquillages et les crustacés diffusent une odeur particulièrement âcre et j'ai chaviré dans une foule de moules tandis que les yeux me sortaient de la tête.

Madame Homard

HÔTEL CRILLON
SANS ASCENSEUR
14, rue des Sauterelles

Le 8e étage est le plus souvent entendu

La chambre 5 est dans l'ascenseur

LIVRE D'OR

J'ai souvent anticipé mon retour, après mon séjour ici il y a deux ans (je suis le client qui souhaitait chausser les chaussures de Maigret et s'installer à Paris flic bilingue). Mais pourquoi m'avoir mis chambre 5 ? On dirait une vieille cabine d'ascenseur, et les cris périodiques de l'étageliste[22] troublent mon sommeil difficile. Je me demande où laisser mes chaussures, la nuit, pour les faire cirer. J'ai peur qu'elles tombent dans le vide et ne se rappellent plus mon étage, ou me reviennent graissées de je ne sais quelle huile on utilisait pour lubrifier les câbles des anciens ascenseurs. Je suppose que, dans un hôtel du nom du vôtre, je dois me tenir pour très honoré d'être celui qui dort dans ce qui le lui donne. Est-ce que vous n'avez supprimé l'ascenseur qu'en vue de vous attribuer et abaisser, profitant de la confusion, la gloire du somptueux établissement de la rue de Rivoli ? Vous recevez sûrement quantité de dupes assurées de pouvoir compter sur au moins un peu d'élégance élimée et un service plein de sollicitude ? Mais, bon, je reviendrai; seulement la prochaine fois, chambre avec vue, s'il vous plaît, sur les Tuileries sans Arbres et sans Fleurs.

22 - «Qu'est-ce que ce peut bien être, vous demandez-vous, qu'un *étageliste* ?» Est-ce la personne qui se tient derrière le bureau de l'hôtel et vous dirige vers la meilleure voie verticale qui conduise à votre chambre ? Est-ce qu'un hôtel emploie autant de tels employés qu'il compte d'étages ? Et est-ce qu'il en installe un à chaque étage pour dire au client auquel il se trouve ? Pour en réciter les caractéristiques agrémentées de la liste des noms des hôtes tant illustres que scandaleux qui y ont dormi comme vous ? Eh! bien, la vérité, c'est que relève du métier d'étageliste tout terme et toute action portant sur un étage donné. Quoique peu d'hôtels ou immeubles y aient recours, c'est là une belle carrière qui s'offre aux enfants hyper-actifs, aux adolescents, aux alertes vieillards, lesquels se voient un beau jour déposés dans l'immeuble par une mère, selon, ou par une épouse désireuse de se les sortir de sous les pieds et dans les jambes. C'est un descendant de la sœur de Quasimodo qui a fondé l'entreprise – un type qui vénérait son arrière-arrière-grand-oncle et souhaitait se rendre utile dans un bâtiment ou la littérature.Voici comment le métier d'étageliste a pris son essor : ce Félix Ourselard passait tout simplement ses journées à dévaler de haut en bas et de bas en haut l'escalier,tout en braillant les numéros d'étage tel un dément garçon d'ascenseur défroqué. Ses successeurs dans la profession ont toute liberté pour improviser mouvement, attitudes et cris, et certains mettent un point d'honneur à maîtriser les numéros dans le plus grand nombre possible des langues vivantes du monde.

HÔTEL CRILLON SANS ASCENSEUR
LIVRE D'OR

Est-ce que ce n'est pas Mies van der Rohe qui a dit «Dieu est dans les détails» ? Mais qui que ce puisse être, il m'a semblé qu'ici, dans les détails, Dieu manquait désespérément. Je tourne la poignée de la porte, et c'est *la porte* qui me reste dans la main. Les rideaux de chintz semblent un cauchemar que ma grand-tante Foxy Belle Bloom aurait pu faire quand elle était à cours de gin, et le tapis montrant sa corde, délicate touche spartiate, compense difficilement les dentelles et froufrous dans une cabine téléphonique distraite d'un bordel du temps où la Prusse assiégeait Paris et où Victor Hugo mangeait des rats. Et le téléphone y marche à peu près aussi bien qu'à l'époque. La seule conversation que j'ai, jusqu'ici, réussi à avoir par ce moyen fut, dans un franglais laborieux, avec le fantôme d'un garde de Trianon perdu dans les souterrains du Louvre. Est-ce que ce ne serait pas vous, par hasard, qui auriez surchargé de reliques la fausse chapelle de la rue du Cherche-Minuit : chaussures de Saint Barnabé bébé, peigne d'écaille de tortue de Sainte Clotilde de la Brasserie, blaireau de Saint Ghislain, caque de Sainte Mousseline, fémur du Petit Saint Fracas ? Et pourquoi chaque nuit me faire changer d'étage rien que pour complaire au vieux crustacé fou qui sans discontinuer en aboie dans l'escalier les numéros ?

Jusko Bou Trompe
drôle de nom, je sais :
je suis un cajun de la
Nouvelle Orléans

Un hôtel désuet dirigé par une sympathique famille anglo-arménienne originaire du Cap, fier de son foyer que contemple le portrait par Allan Ramsay de Jean-Jacques Rousseau en costume arménien.
Le petit déjeuner de l'Aardvarkian comprend fréquemment de menues bestioles, aussi envisagerez-vous de prendre votre café-tartine et de consulter votre guide à l'une parmi les nombreuses terrasses adéquates de la rue Soubitil ou de la place des Wisigoths – à moins que vous ne préfériez avoir recours aux services de l'un des goûteurs/euses disponibles auprès de l'Association de Gastronomie en Péril pour tâter à votre place du croustillant des petites têtes et petites pattes.
L'Hôtel Aardvarkian a passé un accord avec l'opulent Musée Arménien, avenue Foch, aussi n'omettrez-vous pas d'exiger votre tarif réduit voire, pour certains jours, votre billet gratuit.

HÔTEL AARDVARKIAN
78, rue Sigelinde la Bavaroise

UNE EXCLAMATION AU PETIT DÉJEUNER :
☞ Il y a un cafard/une sauterelle dans mon croissant

Aardvark (angl.) : oryctérope du Cap.

Cet hôtel du Marais à l'histoire et à la raison d'être inhabituelles apparaît comme une réussite à laquelle oseraient à peine, du fond de leur lit, rêver des conspirateurs. Tout a commencé lorsqu'un architecte est venu s'y installer entre un appartement et la rénovation du suivant et a trouvé l'endroit à tel point de son goût qu'il n'a vraiment pas vu pourquoi il s'en irait, fût-ce pour se rendre à son atelier, une belle horreur près de la République (voir Services, *Bureau des Bouleversements*). Copains et collègues – troupe

HÔTEL MOSTAR
15, rue des Grosses Bêtes Ambiguës

 Chambres spéciales ronfleurs

bigarrée débarquée d'Égypte, du Monténégro, du Vietnam, du Mexique, du Liban et du Pérou – qui lui avaient rendu visite, se sont vus contraints de prendre des chambres pour leur propre compte après trop d'excellent vin au restaurant d'à côté et ont, eux aussi, trouvé difficile de résister à la magnétique attraction de l'hôtel. Lentement, et presque imperceptiblement d'abord, tables à dessin, cartons à dessins, rouleaux, calques, ordinateurs à capacités graphiques ahurissantes ont commencé à arriver, bientôt suivis par les clients, les annonces de concours, les décorateurs d'intérieurs, la main-d'œuvre fournie par l'École des Beaux-Arts. L'architecte d'origine a, dans un geste imprévisible, fini par épouser l'hôtel, passé le temps de concubinage réglementaire. Ils n'ont pas encore eu d'enfants, mais plusieurs hôtels qu'il a conçus dans la lignée du Mostar tiennent de lui par leur humanité.

Les chambres du dernier étage sont réservées aux seuls clients. Ils viennent du monde entier et doivent, au moment de la réservation, soumettre un sommaire détaillé de quelque projet qu'ils puissent avoir en tête. Si vous séjournez dans l'une des chambres expérimentales réservées aux touristes, veillez à ne pas laisser de tache sur la moquette et à visiter la salle des maquettes.

Ne vous laissez pas déconcerter par l'hyène à la réception : c'est en réalité une débutante déguisée. Une fois que vous avez signé et reçu votre roman à clef, il vous est donné une chemise de nuit de flanelle, et les indications scéniques auxquelles vous devrez approximativement quoique impérativement obéir le temps d'une brève apparition à votre fenêtre, au moment de votre choix, mais avant le coucher. Votre public se trouve à l'Hôtel d'Espagne, de l'autre côté de la rue (ce pour quoi il a payé très cher) – et sur le trottoir (l'habituelle populace des piétons). Lorsqu'une troupe d'acteurs ou danseurs professionnels, ou une hasardeuse collection d'exhibitionnistes, se trouvent être descendues au Carrington, les prix montent encore à l'Hôtel d'Espagne et les occupants commandent leur repas dans leur chambre pour ne rien perdre du spectacle. Une des plus grandes réussites a consisté en une séance de défenestration accomplie par des politiciens et acrobates de Prague.

Le Carrington est un hôtel parfaitement normal à tous égards, à l'exception, dans plusieurs des somptueuses salles de bain, des arrangements aquatiques destinés aux hôtes qui se sont toujours demandé en quoi pouvait consister une vie amphibie. L'ensemble de ces excentricités se réfèrent à la vie, aux nouvelles et aux pièces de théâtre de Leonora Carrington qui fut, une fois enjambés la Manche et son accoutrement de débutante du meilleur monde, un personnage du Paris surréaliste.

HÔTEL CARRINGTON
49, rue des Enfants Normaux

À LA RÉCEPTION :

J'aimerais sortir avec votre hyène pour boire un verre. Est-ce que le personnel est autorisé à sympathiser avec les clients ? Que pensez-vous d'un pique-nique au Jardin d'Acclimatation ?

Les forêts de chevaux le long des couloirs sont une allusion à sa peinture.

HÔTEL HÉLAS
45, rue des Désarrois

Ni réservations, ni cartes de crédits.
Séjour minimal : trois nuits.
Anglais, allemand , espagnol, italien, russe, chinois, arabe, désesperanto.

PHRASES

Avez-vous de plus grands mouchoirs ?

Je veux être seule

Mais ce visiteur dans mon lit a lui aussi le cœur brisé!

Pourriez-vous nous appeler un taxi pour l'Hôtel Jasmin ?

Hédiard

Version parisienne du Heartbreak Hotel, même si, les nuits creuses, il accepte les maladroits et autres fautifs. La consolation y prend diverses formes, en particulier musicale, et le gémissement y est non seulement toléré mais encouragé. Des mouchoirs vous sont remis en même temps que votre clef, ce qui est aussi une publicité pour le Café Mouchoir situé dans la cave de l'hôtel. Les amours naissantes entre esseulés et délaissés sont rigoureusement prohibées. Si c'est ce que vous cherchez, adressez-vous plutôt à l'Hôtel Jasmin. Eu égard à ses propriétés euphorico-érotiques, l'usage du chocolat est interdit dans les chambres.

Le livre d'or est le plus copieux de Paris. Nombreux, en fait, les romans et nouvelles qui ont débuté dans ses pages, et la direction s'est vite aperçue qu'il fallait en mettre plusieurs exemplaires à la fois en circulation, puisque les clients aimaient l'emporter au lit et y déverser leur cœur. L'encre indélébile est fournie sur place, dans l'anticipation des larmes. Un scandale éclata dans les années soixante : le Café Mouchoir fut poursuivi pour avoir raclé les larmes séchées au fond des porcelaines et avoir vendu à Hédiard cet extrait quintessentiel, lequel, au nom de ses alchimiques vertus romantiques, réhydraté et mis en bouteille dans des lacrymaux imités des collections égyptiennes du Louvre, atteignit le prix de 1 000F le milligramme. C'est là l'ingrédient secret qui a bouleversé, plusieurs années durant, les appréciations du Guide Michelin.

L'HÔTEL FAUTEUIL

LIVRE D'OR : VEUILLEZ LAISSER VOS OBSERVATIONS DANS LE TIROIR AVANT VOTRE DÉPART.

Paris ne m'a jamais semblé si accessible, grâce à votre tiroir doublé de Ville Lumière, mes pas consultant les arrondissements imprimés entre mes bas et mes chaussettes. J'ai eu à défendre le mien contre une horde de touristes; ils ont essayé de me l'arracher. Des Baltes : je m'en suis aperçue à une odeur de sel dans leurs cheveux (je suis un nez professionnel et me trouve ici à titre d'expert pour une exposition qui se monte actuellement au Musée du Parfum). Quand je ne le laisse pas à sa grand-mère française (je suis divorcée, mais reste en bons termes avec mes beaux-parents), mon fils de dix mois dort dans le tiroir, au Musée, tandis que je flaire les senteurs et les range en discordantes et complémentaires. Je lui ai acheté une couverture en laine d'agneau du Mouton-à-cinq-pattes, un oreiller de chez Simrane (pendant que sa tête se berce en Afrique, le reste de son corps couvre l'étendue de Paris), et je dois dire qu'en fin de journée, dans le métro surtout, j'aimerais bien être à sa place. Mais il est délicieux de retrouver ma chambre, et de pouvoir border l'enfant dans son lit-cage et la ville dans sa commode, et puis je me retrouve à travers le miroir, et je consulte la carte de l'oubli, jusqu'à mon réveil, le soleil dans les yeux.

Puis-je me permettre un mot de commentaire quant à la conduite du détective maison ? Entre l'insidieux espionnage de nos tiroirs, à peine sommes-nous sortis, et l'occupation perpétuelle des inconfortables fauteuils du foyer – la confiance règne, c'est le moins qu'on puisse dire. Il est déjà bien assez désagréable de savoir que tout Paris peut s'il le souhaite jeter un coup d'œil à nos chaussettes et écharpes entre la rue Saint-Honoré et la rue de Richelieu, mais avoir cet homme qui farfouille dans nos possessions! Je suis tentée de vos quitter pour l'Hôtel Chaussure, où c'est en guise de semelles intérieures que Paris s'offre aux allées et venues de la clientèle.

L'HÔTEL FAUTEUIL

LIVRE D'OR : VEUILLEZ LAISSER VOS OBSERVATIONS DANS LE TIROIR AVANT VOTRE DÉPART.

J'ai pu apprécier votre papier à lettre «Plan de Paris» à l'occasion des nombreux messages urgents que j'ai dépêchés devant moi à travers la ville, et maintenant encore, quand je vous dis au revoir. Je suis venu pour donner une conférence au Goethe Insititute, et étudier quelques inédits relatifs à la vie de Rilke à Paris alors qu'il était le secrétaire de Rodin – tous documents si difficilement accessibles que je n'ai pu confier mes notes à mon tiroir à la différence de certains de vos clients qui lancent allègrement leurs affaires dans le leur, l'instant de partir pour le Bois de Vincennes ou le Bois de Boulogne. Je ne puis révéler la nature de mes recherches, mais je n'ai pas été sans relever certain effet de concurrence entre une partie de votre clientèle et ce passage des *Cahiers de Malte Laurids Brigge,* le livre par lequel Rilke parvint à fuir cette ville et le mal qu'elle lui avait fait. Ne semblez-vous pas avoir laissé vous-mêmes échapper la plus dépenaillée des vos pensionnaires pour qu'elle vienne torturer Malte ?

> «Humides encore de la salive du destin, ils collent au mur, à une lanterne, à une colonne d'affichage, ou bien ils coulent lentement au fil de la rue en laissant une trace sombre et sale. Que diable voulait de moi cette vieille qui, avec son tiroir de table de nuit, où roulaient quelques boutons et quelques aiguilles, avait surgi de je ne sais quel trou ? Pourquoi marchait-elle toujours à mon côté et m'observait-elle ?… Et pourquoi cette petite femme grise resta-t-elle debout à côté de moi, pendant tout un quart d'heure, devant une vitrine, en faisant glisser un long et vieux crayon hors de ses vilaines mains fermées ?»

Je pense que Rilke a gardé le crayon, que Rodin lui-même avait assommé la femme derrière un buisson avant de lui voler son plan et que c'est la seule raison pour laquelle il n'y en pas trace dans le récit.

HÔTEL DES HORLOGES

Vos commentaires sont les bienvenus

Chers hôteliers des Horloges
Mon séjour ici a été perturbant et doux, avec maintes sorties pour m'éveiller l'esprit et m'ordonner l'âme, mais je me demande bien ce qui se passe avec les heures supplémentaires que j'ai déposées au bureau quand j'ai réglé avec ma carte American Expres et renoncé à ma montre et à mon réveille-matin. Je passe certes du bon temps et voudrais simplement savoir si celui que je vous ai laissé en dépôt me sera rendu avec intérêts.

Je suis, l'autre jour, rue du Cherche-Midi, restée assez longtemps, comme le soir tombait, pour voir changer les plaques. Hop, «rue du Cherche-Minuit», commençait-on à y lire. Je ne trouve plus ni l'une ni l'autre rue.

La vue est superbe. La vieille dame, au loin, sur son balcon, apparaît, traînant ses pantoufles, toutes les demi-heures.

–M. Duchamp, *Chambre 12*

N'est-ce pas elle qui fournit les poissons sur l'oreiller ?
–Teresa Carpestrato
Chambre 16

Peut-être fait-elle fonction de coucou pour tout le voisinage, pile à la demie traînant ses pantoufles ?

Êtes-vous resté assez longtemps pour la voir annoncer et le passage à midi et le passage à minuit ?

HÔTEL PLUS RIEN
222, rue Simon le Simple

Cet hôtel n'accepte pas de clients. Il passe ses annonces, prend les réservations, envoie des confirmations et sollicite des arrhes (chèque ou mandat-lettre exclusivement), mais personne, tout au long des soixante-quinze ans de son histoire, n'a jamais réussi à y entrer. Il vaut la peine de faire une réservation, juste pour avoir vu le Bureau des Déceptions. Aucun de ceux qui ont été assez fous pour laisser un dépôt ne l'a revu.

HÔTEL DES MUGUETS
324, rue de Sainte-Marguerite

UNE REQUÊTE PROBABLE :

S'il vous plaît, pouvez-vous demander à la femme de chambre d'astiquer ma poignée de porte, j'attends un visiteur très distingué.

Appelé à l'origine «Relais du mois de mai et des Muguets», cette auberge a vu son nom s'abréger en 1978 et en a depuis subi les conséquences sous la forme d'une nouvelle clientèle attirée par les syllabes restantes. L'auberge a commencé avec une brève ouverture annuelle, bien longtemps avant que les derniers mots ne s'effacent de l'enseigne, offrant son hospitalité (lits, repas) pour la durée du mois de mai, seule période de l'année où Mme Pugnol, sa première propriétaire, était d'assez bonne humeur pour recevoir des hôtes de passage et leur prodiguer ses soins. *Muguet* signifiant également un galant, et *mugueter*, courtiser, fleureter, s'abandonner au plaisir, l'endroit est devenu un havre pour diverses cliques oisives et dorées (les prix sont élevés) à la recherche d'émotions bon marché après titillantes balades rue de la Frissonnière, la première à droite.

Depuis qu'il est devenu le théâtre des liaisons, l'Hôtel des Muguets tire tout son orgueil de son absolue discrétion. Un clin d'œil lubrique du veilleur de nuit peut vous déconcerter si vous n'êtes pas au courant. Sur simple demande, on se fera un plaisir de bloquer pour vous servir les appels téléphoniques intempestifs. Dans le cas où vous recourriez aux services particuliers, un formulaire embarrassant vous sera remis, que vous remplirez ou non. Mais quelquefois, ils vont trop loin : nous avons entendu parler de plusieurs client qui, ayant demandé à être réveillés, tout au plus un billet leur fut-il, à l'heure dite, furtivement glissé sous la porte.

UNE REQUÊTE ENCORE PLUS PROBABLE :

✣ *S'il vous plaît, ne prenez pas d'appel de New York pour moi ce soir.*

INSTRUCTIONS RELATIVES À VOTRE CHAMBRE À L'HÔTEL DES MUGUETS :
GRANDE UTILITÉ DE LA MARCHE À SUIVRE EN CAS D'INCENDIE.

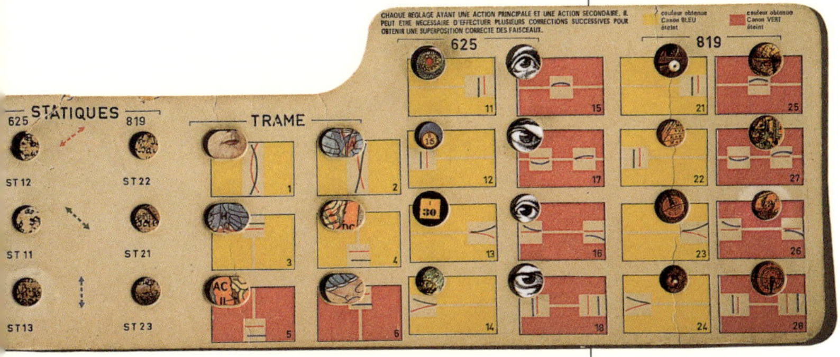

Hôtel Jasmin

Notre clientèle commente

De retour à l'hôtel, je m'allonge sur mon lit, moins par habitude que par nécessité : il n'y a nulle part ailleurs où me mettre. Le sol de ma chambre est couvert de plumes car mes incubes, d'apparence sinon de manières séraphiques, sont assez stupides pour faire leur mue en hiver, et ils ne sont pas des plus doux dans leurs caresses. La chambre est encore autrement enchantée : je mets un miroir au mur pour entendre à quoi le polonais ressemble, mais les voix se brisent bientôt en éclats de rire et le verre en mille morceaux dans ma main. Je tente alors de mettre, sur le même mur, mes chaussures et d'entendre mes propres pas s'évanouir le long du passage des Grands-Cerfs, sur mon chemin, demain. J'irai visiter l'atelier où l'on fabrique les cerfs-volants sur dessins de tous les artistes de la ville, en vue d'une exposition exceptionnelle au Musée d'Art Moderne. Mes pas ont toujours sur moi un jour d'avance, ce qui n'est pas une petite affaire pour le type qui cire les chaussures chaque nuit.

–Yolanta

Hôtel Jasmin

Notre clientèle commente

Je sais que cet hôtel a la réputation d'être érotique, mais j'étais vraiment choqué, rentrant, à quatre heures du matin, d'une orgie place d'Italie, de trouver le cireur gémissant et se tordant sur le sol parmi les dix chaussures gauches de clients devant lesquels je n'en devrai pas moins me retrouver face à face demain matin au petit déjeuner.

–Alfonso Lombardini

LIVRE D'OR : HÔTEL HÉLAS
HISTOIRES DE NOTRE CLIENTELE SOUFFRANTE

Je ne me regarde pas comme une femme battue, et ce n'est certainement pas là ce qui m'a amenée ici (avec mes propres mouchoirs, sachez-le, les vôtres sont beaucoup trop minces pour la sorte de larmes que j'ai essorées dans mon lit), mais aujourd'hui, un innocent trajet en métro vient de remettre cela en question (je sais que nous sommes censés rester dans nos chambres, mais la mangeuse d'hommes de Bélize, à l'étage au-dessus, frappait son oreiller avec une telle férocité que tout le plâtre du plafond s'est répandu dans ma coiffure en détresse, et ma transe tragique s'en est trouvée brisée). Lorsque j'ai réservé à l'hôtel Hélas, vous avez fait l'inventaire de mes nombreuses blessures tant physiques qu'émotionnelles, aussi connaissez-vous l'ensemble de bleus qui, sur mon épaule gauche, a tenu la vedette de la Station Sabot à la Gare d'Austerlitz. J'étais assise sur un strapontin, de ceux qui, en se rabattant, claquent si délicieusement, lorsque soudain le type en face de moi s'est donné de la main une bonne tape sur l'épaule droite (réfléchissant mon épaule gauche, or nous n'étions en rien près du Métro Miroir) et s'est écrié avec la plus parfaite assurance que semblables marques ne pouvaient avoir été laissées sur moi que par un homme. Lorsque j'ai menti, disant : «Non, je suis maladroite», il a insisté que des bleus à cette place sont nécessairement d'origine mâle, et que j'avais été battue. Et il n'a pu se retenir de dérouler toute l'histoire, racontant grossièrement comment tout était arrivé après l'amour (gestes obscènes dont le talent me manque pour les croquer dans cet élégant album) et vérifiant que chaque passager partageait ses spéculations et participait à ma peine. Bon, tout à la fois déconcertée et amusée par sa folie, je me remémorais l'histoire vraie de mes bleus; mais quand lui et moi sommes descendus à la même station, j'ai décidé que les choses étaient allées assez loin, et je l'ai planté là, avec quelques bleus pour son propre compte. Merci pour le séjour reposant et restaurateur. On me demande de nouveau à la Brasserie des Mauvais Garçons Manqués où la clientèle commence à se sentir privée de mes biscuits au chocolat surchauffé et de ma tarte des galopins.

LIVRE D'OR

Hôtel des Muguets

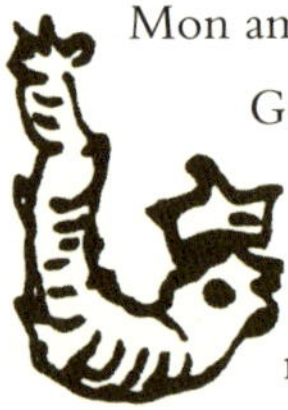

Mon amant a, en Istrie, une mère qui est une aficionado de Goldoni et donc de la Commedia dell'arte, aussi n'ai-je pu, lorsque je me suis trouvée dans une librairie théâtrale, rue Bonaparte, résister à lui offrir le livre magnifique que j'avais trouvé sans même le chercher. La librairie était, en cette occasion, un théâtre elle-même, avec dame distinguée laissant à ses pieds tomber une série de gravures et autres femmes, dans la boutique, toutes réitérant leurs cris de compassion, tandis qu'un jeune et intense metteur en scène de théâtre italien demandait où mettre la main sur certain livre et qu'une digne et séduisante petite personne nommée Colette, des sourires lui scintillant dans les yeux et dans le visage, observait toute chose avant de nous distribuer masques et rôles pour l'improvisation suivante.

LIVRE D'OR

Je suis Lapon, et une des raisons pour quoi j'ai choisi votre hôtel, c'est que je n'ai pas l'habitude de la lumière dont je vois bien assez, dehors, dans mes visites de la ville. Aujourd'hui, c'était le quartier de la Bastille, son éclatant grand opéra, ses galeries, ses boutiques, et la Place des Vosges dont la pierre rose et l'architecture diffèrent de tout ce que j'ai pu voir autour du cercle polaire, et la rue de Lappe, dont j'ai le regret d'apprendre qu'elle fut celle du crime et du danger. Maintenant que j'y pense, c'est la rue de Lappe qu'a pour cadre une des enquêtes du commissaire Maigret (oui, elles sont traduites dans toutes les langues scandinaves et circumpolaires). J'aimerais bien que les guides touristiques n'aillent pas redire cela à n'importe qui visitant Paris : on va encore mêler les noms et se faire une fausse idée de mon pays et de ses habitants. Mon séjour ici n'a rien de menaçant, sauf que je n'ai pas l'habitude des voitures, et je crois qu'il y en a plus ici que partout ailleurs, aussi me faut-il être particulièrement vigilant et rapide. Peut-être que la prochaine fois, je viendrai avec mes chiens au lieu de les laisser à la maison avec mes rennes. J'ai vraiment été touché quand le directeur m'a dit que je pourrais les loger ici, puisque le personnel aveugle garde lui-même ses propres chiens sur place. Comme cela, les miens feront la connaissance des canins d'une autre culture et ils apprendront quelques unes des manières métropolitaines.

GUEST REGISTRY: HÔTEL HÉLAS
HISTOIRES DE NOTRE CLIENTELE SOUFFRANTE

Je n'ai rien du déraisonnablement ébloui ou reconnaissant visiteur de Paris; encore un peu, et j'aurais perdu toute gratitude pour en être arrivée là. Je continue pourtant de passer les ponts, inaliénable rituel de mes implacables bottines, le Pont Louis-Philippe, le Pont de l'Archevêché. La Seine, depuis le Pont de l'Archevêché, se rue en une ténébreuse rigole de sons marmonnants, et quelque chose tourbillonne en-dessous d'elle qui est, plus que l'eau et la boue, la mémoire des clochards. S'il y a quelqu'un qui aime dans Paris, ce sont bien ces tas de chiffons. Je n'ai jamais vu regard plus ardent que celui d'un clochard sur le *chocolat* – c'est sa bouteille, quand elle est pleine; quand elle est vide, c'est un *cadavre* – qu'il tenait dans ses bras avec une infinie tendresse, et cette tendresse lui était rendue. Le fleuve est leur hôtel. Voix, voix de toutes parts : c'est vivre dans une ville, c'est vivre n'importe où.

–Tamara Chagrinsky

GRAND HÔTEL DES ECHECS

Livre d'or

Mon cœur battait, mes jambes tremblaient, et j'ai dû me pousser et dehors et dans le métro et au Jeu-de-Paume où j'ai remarqué que l'unique salle climatisée était la salle Gauguin, comme si, sa peinture irradiant une chaleur tropicale, il était nécessaire de rafraîchir les lieux. Beaucoup plus tard, quand l'après-midi et le soir commencent à se frotter l'un à l'autre, j'ai eu envie de marcher et je me suis mise à errer dans la plus ou moins vague direction de l'hôtel. Soudainement, les rues ont été désertes, silencieuses, virant au noir; jusqu'au mur des immeubles, avant même que le ciel ne s'ouvre, qui ont semblé se mettre à suinter comme des cavernes. Et puis un déluge, si immédiat que je ne savais que faire de moi : c'était presque comme d'être mitraillée, il ne me restait qu'à courir. Eh! bien, j'ai couru, j'ai continué à courir, et j'ai plongé dans le premier trou venu (un peu comme *Alice aux Pays des Merveilles*, pensa-t-elle), je n'avais toujours pas la moindre idée d'où j'étais. Le trou s'est révélé être celui des Halles et, en fait, le métro dont, rat détrempé que j'étais, j'avais un si désespéré besoin. Il y a quelque chose de tellement rassurant avec les stations de métro. Même si, dessus, vous êtes perdu, dessous, vous arrivez toujours à vous situer. J'ai souvent éprouvé ce sentiment de sécurité, de familiarité souterraines, comme si je me retrouvais dans les bras de la Grande Mère, p*rimum mobile* du monde.

– K

HÔTEL DES HORLOGES

Notre clientèle commente

Chers Monsieur et Madame,

Vous m'êtes un peu moins chers ce matin que vous ne l'étiez hier soir quand je suis venue au bureau emprunter *Paris par Errondissements* et prendre une tasse de chocolat. Je vous ai demandé de me réveiller, pour un important rendez-vous que j'avais aujourd'hui à la Bibliothèque de l'Histoire de la Ville de Paris, et vous étiez tout sourire et aménité, et compréhension de l'urgence de mon réveil à l'heure dite. Je comptais sur vous, puisque vous découragez vos clients d'apporter avec eux leur propre réveille-matin et de déranger la très précise mécanique de votre organisation. C'est ainsi que je me suis réveillée à dix heures et quart (j'ai une montre, pour la ville), étourdie par un trop long sommeil et des rêves lourds, en pleine panique m'aspergeant le visage d'eau, et m'habillant plus vite que je ne m'étais jamais déshabillée; et quand j'ai ouvert la porte, qu'est-ce que je vois à mes pieds ? Ma chaussure droite et, dedans, un réveil continuant bien tranquillement son tic-tac. Alors, c'est ça, votre idée du service réveil ? Peut-être que la vache qui fait maintenant le cuir de mes ballerines Ferragamo s'est sentie chatouillée par la sonnerie mais moi, je n'ai rien entendu du tout. J'ai été en mesure d'arranger les choses avec la directrice de la Bibliothèque. Heureusement, elle a entendu parler de votre hôtel et a dit que, si elle avait su que j'y étais descendue, elle aurait proposé de me réveiller elle-même.

Les petits contretemps tendent à révéler la chaleur des cœurs naturellement bons (ainsi que semble l'être celui de cette personne), et comme le mien est aussi de leur nombre, je vous invite ce soir à prendre un verre sans moi aux Déboires de Pétrouchka.

–Aurora Schlaffenfuss

VIE NOCTURNE *et* LOISIRS

«Paris. Paris. Qui dit ce mot, dit aussi soie, élégance, oisiveté, fête ; quelque chose de brillant, de pétillant, comme le champagne. Tout y est beau, gai, un brin ivre, de la dentelle partout ; une jupe froufroute à chaque pas. A ce mot les oreilles se mettent à tinter et les yeux a voir trouble. Je vais à Paris. Nous arrivons à Paris.»

–Nina Berberova

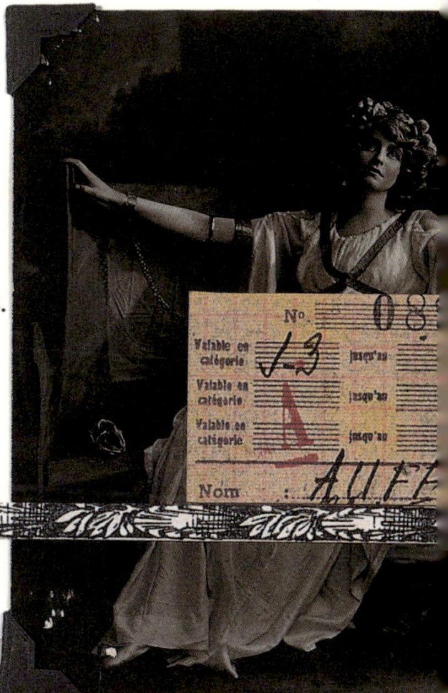

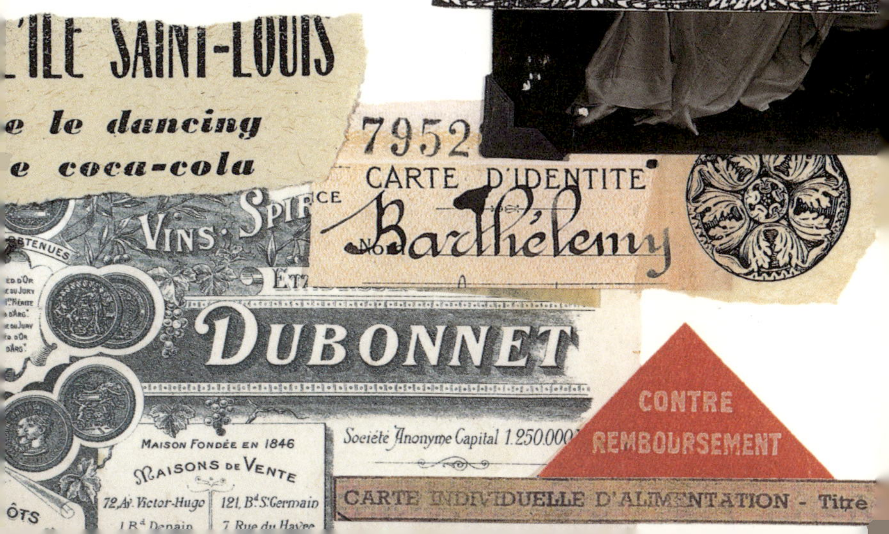

THÉÂTRES, CAFÉS-CONCERTS, ETC.
oir la liste ci-contre où l'on trouvera les adresses
les numeros de téléphone des principaux établissements.
Métropolitain
0 MÈTRES 500
FOLIES BERGERE
Dufayel
La Fourmi
Th. de Montmartre
Elysée
Lyrique
Trianon
Gaîté Rochech
La Cigale
Boite à Fursy
Cirque Medrano
Th. Réjane
Casino de Paris
La Pépinière
les Mathurins
Th. Michel
Athénée
Com. Royale
Olympia
Capucines
Opéra
Vaudeville
Théât Moderne
Rob. Houdin
Folies Bergère
Grevin
Thre du Château d'Eau
Crt Mayol
Scala
Th. Femina
Ambassadeurs
Nau Cirque
Théâtre Français
Palais des Fêtes
Châtelet
Concerts Rouge
Odéon
Cirque de Paris
Seine
Tuileries
Esplanade des Invalides
Boulevard Haussmann
Rue Lafayette
Rue de Rivoli
Quai d'Orsay

Bergère ô tour Eiffel le troupeau des ponts bêle ce matin
– Guillaume Apollinaire

Les Folies-Bergère, le Moulin rouge et le Chat Noir furent les plus fameux des cabarets immortalisés dans l'art, la mémoire collective, les affiches de Toulouse-Lautrec et les chansons qui ondoient encore dans le ciel nocturne de Montmartre. Les folies commencèrent par l'opérette et le ballet, lesquels furent détrônés par le cancan et autres amusements dont les phares restent Aristide Bruant et la danseuse Jane Avril qui attiraient une foule d'adorateurs ébahis venus de la rive anglaise de la Manche aussi bien que des Champs-Élysées ou du Quartier-Latin. Je négligerai ici la question des origines. Théophile Goulugue a retracé avec la turbulence appropriée l'histoire de ces établissements dans son *Guide Rouge*[2], satire rebelle et point trop subtile du collet monté *Guide Bleu*. Contentons-nous de dire qu'il y eut une bergère, et qu'elle devint folle après avoir, les premières semaines qu'elle passa dans la capitale, perdu ses moutons un par un[3], son innocence une couche après l'autre, d'un étranger à un autre étranger, d'une impasse obscure à une rue ténébreuse. Lorsque pour finir son frère la retrouva, égarée et échevelée, dans une taverne à Belleville, il l'emmena de force à Monte-Carlo, dans le casino de leur oncle où sa vision renouvelée des mœurs du monde doublée d'un pragmatisme congénital quadrupla en cinq ans les revenus du casino.

LES FOLIES-BERGERE

32, rue Richer

[2] À propos du *Guide Rouge* : la vérité, c'est que mon éditeur, le jugeant trop fiévreux pour le pouls des Allemands, des Italiens, des Slovènes et des Danubiens, et pensant aux imminentes traduction de ce guide-ci, n'a pas souhaité que je l'y cite.

[3] C'est dans les près de Saint-Germain que se trouvait notre bergère au moment de la perte de ses premiers moutons. Les autres virent que l'herbe serait plus verte à Montmartre, ils s'y rendirent et c'en fut fait.

NIGHT-CLUBS
LES FOLIES-BERBÈRES
245, rue des Éponges

Ce cabaret prend son tour berbère dans le coloré quartier Barbès où chaque touriste mâle occidental doit s'acheter un costume neuf et jeter son pantalon. Le programme des Folies s'est peu à peu étendu jusqu'à inclure toutes les formes féminines de talent nord-africain, principalement en musique et danse. Le troisième samedi de chaque mois, improvisation massive ; fréquente apparition spontanée des plus follement populaires musiciens *rai*.

NIGHT-CLUBS
LE TROTTOIR DE BUENOS AIRES
37, rue des Lombards

Cours les samedis. Plaisir de voir le bandoneón bondir par-dessus le mouchoir rouge sur les genoux du bandonéoniste. La restauration rapide du voisinage embrasse l'ensemble de l'Amérique Latine et dépend de qui se sent en humeur de faire la cuisine ou n'est pas trop accaparé par les urgences politiques. Une fois l'an, le 26 août, tout le spectacle déménage au Pont des Arts pour l'anniversaire de Julio Cortázar, si souvent cité par les Argentins de Paris comme l'auteur des coïncidences qui rendent leur vie digne d'être vécue.

NIGHT-CLUBS
LA PUDEUR AUX YEUX
189, rue des Perditions
pas Graves

Un contre striptease, même si les filles, renforçant ladite pudeur, commencent en caleçon et soutien-gorge athlétique. Au rythme provoquant des tambours, zembas et piccolos, Nanette, Lily, Virginie ou qui que ce soit recouvre d'une pièce de vêtement après l'autre sa rigide silhouette, depuis le bout des orteils jusqu'à l'extrême pointe des oreilles. Le dimanche soir, il vaut la peine de venir de bonne heure et d'apporter avec soi quelques-unes de ces chemises et chaussures de tennis qu'on se retrouve avoir mis dans ses bagages sans trop savoir pourquoi : c'est la nuit où l'assistance lance ses habits sur la scène pour que la danseuse s'empile dedans, et généralement la séance la plus appréciée de toute la semaine.

AMPHITHÉATRE
LES ARÈNES DE TOBERMORY
400, rue Guillaume
depuis le Rapprochement

Paris serait bien morne, doté d'un seul amphithéâtre, et il n'a fallu qu'un seul brave homme, fou amoureux de son chat, et un espace choisi, pour mettre le projet en œuvre. Señor Le Brun souhaitait un site cultivé pour y promener son chat Tobermory qui ne voulait rien en savoir, mais a

rapidement nettoyé l'endroit de ses rats bien connus. Quant à toi, touriste adoré, pour être au courant de ce qui s'y passe en ce moment, consulte ton *Pariscope*. Les lieux ont attiré une éblouissante palette d'artistes, et divers groupes diversement mêlés. Les Arènes de Tobermory ont été le cadre d'un festival international du cinéma, inspiré

Zepo Le Brun, pêcheur à demi-portugais (démarche chaloupée et œil maritime du côté de sa mère) s'est installé à Paris après avoir fait fortune dans les homards et crustacées apparentés, et cela pour l'amour du premier Tobermory.

L'un de ceux-là, qui s'est rendu fameux sous le nom du Grand Crème, avait fait des ravages chez les fromagers du quartier, qui, reconnaissants, contribuèrent au projet d'arènes. Ils s'enorgueillissent aujourd'hui du croissant prestige international de leur centre culturel et patronnent les occasionnelles nuits bouffonnes dites de la Vache Qui Rit.

de celui du Colisée de Pula dans l'ex-Yougo-bla-bla. Il ne s'agit pas là d'une coïncidence : la nuit de promenade (voir page ci-contre) est extrêmement populaire auprès des réfugiés de l'ex-Yougo-bla-bla nostalgiques de leur *corso*, à cette heure du soir où tout le monde se balade. Les festivals de théâtre, les performances, la danse, la musique trouvent ici la place où n'en faire qu'à sa tête. C'est aux arènes de Tobermory que le Quartetto Boccacciano a donné l'unique farce de son par ailleurs distingué répertoire, le *Quartetto di Tavola*, le *Quatuor de table*. S'avançant négligemment vers le centre de la scène, les quatre musiciens ouvraient leur étui à violon, à viole ou à violoncelle, et en sortaient de quoi dîner. De l'étui à violoncelle, une table pliante, avec argenterie, verres et assiettes (cristaux et porcelaines de la rue de Paradis, ainsi qu'il fut annoncé après le dernier mouvement), tandis que des autres emergeait l'entrée – en l'occurrence dénommée *allegro*, quelque chose de léger, pour commencer en douceur. Un serveur apparut avec le plat principal, *andante*, que le quatuor consomma sans se presser, tout en poursuivant une conversation animée, et autant se mit à en faire, à ce moment-là, le public. Les fromages, *a minuetto,* étaient fournis et, non sans panache, servis par les fromagers d'alentour, sur un pas de menuet (ils s'étaient préalablement sérieusement entraînés avec un maître de ballet du XVIIIe siècle); ils distribuèrent également quelques bouchées à un public à présent gargouillant de faim et incapable de reporter sa satisfaction à plus tard. Dessert et café, un double allegro vivace, couronnèrent une soirée et une représentation parmi les plus triomphales, ainsi que le Quatuor devait, par la suite, en informer la presse.

En temps normal, le jeudi soir n'est pas ouvert aux représentations : c'est celui réservé à la grande promenade, où tout ce que l'assistance a à voir et à entendre, c'est elle-même, reflétée dans ses propres yeux. Il s'agit de tout autre chose que de déambuler sur les boulevards ou de se regarder l'un l'autre, d'une table à l'autre d'un café. *Terrasse*, ici, n'est pas un vain mot, et c'est toujours plus ou moins en spirale qu'on doit parcourir celle dont nous parlons. Certains s'habillent, certains ne s'habillent pas. Des femmes se sont illustrées pour avoir paradé en jupons aussi souvent qu'en robe de bal exténuée. Selon vos désirs d'entre chien et loup, vous apporterez gourmandises, fleurs, votre trousse de pédicure et, par-dessus tout, vos sentiments intimes, sous forme extrovertie, et une sérieuse paire de chaussures de marche.

Les rumeurs n'ont rien de fondé selon lesquelles il y aurait un quelconque lien entre Zepo, Tobermory et la rue du Chat-Qui-Pêche. Tobermory a peur de l'eau et ne mange pas même un homard ou une langouste dont la carapace lui a semblé humide

NIGHTCLUBS

LE SINGE SOÛLÉ

88, rue de la Renonciation

45, bd Jean Genet

128, rue Maldoré

Le Singe Soûlé, comme Batifol, est l'un de ces établissements qui s'éparpillent à travers la ville, dans les quartiers favorables et, pour le cas qui nous occupe, Montparnasse et l'Autremont (métro Ducasse). La chaîne doit son nom à une boîte de la Moche Époque qui posséda effectivement un singe jusqu'au moment où de trop nombreux des joyeux habitués se furent aperçus qu'il n'était là que pour leur faire les poches et eurent fait connaître au patron leur sentiment. Le Singe Soûlé attire de nos jours une foule plus jeune et plus rude qui n'a que faire de poches et arrive rarement avant une heure du matin.

NIGHT-CLUBS

LA TAUPE TÊTUE

61, rue Shalimar

Une taupe têtue est un fameux adversaire, à en juger par la force de ses mains, aussi le club est-il fréquenté par une foule solide. Il ouvre toute la nuit dans les faubourgs d'Issy-les-Moulineaux, au rez-de-chaussée de l'ancienne mairie. Le tête-à-tête n'y a pas le style salon de thé et, quand la conversation s'arrête, c'est si fréquemment la dernière étape avant l'empoignade au sol qu'on a enlevé le parquet. Il est intéressant de retrouver ici les mêmes dames raffinées qu'on croise dans les toilettes de l'École de Fontainebleau (voir Services), et rien ne réjouit comme l'instant soudain où elles abandonnent hauteur et décorum pour mieux se crêper le chignon à ras de terre.

Pour agrémenter votre vocabulaire :
gueule de bois: lendemain difficile.

CINÉMAS

LE CINÉMA DU PONT NEUF

Cinéma en plein air au Pont Neuf. Les films sont projetés sur l'eau. Tout passant tourné dans la direction du Pont des Arts devra pouvoir présenter son billet (en vente aux pieds du Vert Galant).
D'avril à octobre, exclusivement par beau temps.
Les horaires sont fonction du coucher du soleil et du débit du fleuve.
Fameux pour la diffusion continue du *Testament d'Orphée.*
Passage des Vedettes (du Pont Neuf) à l'entracte.
Le Cinéma du Pont Neuf est devenu monument historique la nuit où le faisceau ayant échappé au projecteur, le film a commencé à descendre doucement la Seine. Le public, sans hésiter, s'est mis à courir le long des berges afin de ne pas perdre le fil du film au fil de l'eau.

Un oreiller sur notre lit imaginaire. Le poisson regarde dans le rêve, l'oreiller se transforme en matelas pneumatique miniature et descend la Seine, une poupée pour passager. Il se trouve que le Cinéma du Pont Neuf donne une séance de minuit, la poupée entre dans le film et y trouve ce qu'elle cherchait : une montre volée dans *les Enfants du Paradis.*

LA LONGUE HISTOIRE DU PONT NEUF COMME LIEU DE DIVERTISSEMENT

«À trois reprises, en février, le fleuve monta encore au-dessus de la cote d'alerte. "Même la Seine veut voir *Chantecler*", disait-on, car la brillante comédie de basse-cour de Rostand – où Montesquiou enrageait de se voir dépeint sous les traits du paon, «prince de l'adjectif inopiné» – était alors représentée à la Porte-Saint-Martin.»

– George Painter

«– Monsieur Desroches, vous irez au spectacle sans payer, dit Huré au quatrième clerc en lui donnant sur l'épaule une étape à tuer un rhinocéros.

Ce fut un torrent de cris, de rires et d'exclamations, à la peinture duquel on userait toutes les onomatopées de la langue.

– A quel théâtre irons-nous ?

– A l'Opéra ! s'écria le Principal.

– D'abord, reprit Godeschal, le théâtre n'a pas été désigné. Je puis, si je veux, vous mener chez Madame Saqui.

– Madame Saqui n'est pas un spectacle, dit Desroches.

– Qu'est-ce qu'un spectacle ? reprit Godeschal. Etablissons d'abord le *point de fait*. Qu'ai-je parié, messieurs ? un spectacle. Qu'est-ce qu'un spectacle ? une chose qu'on voit…

– Mais dans ce système-là, vous vous acquitteriez donc en nous menant voir l'eau couler sous le Pont-Neuf ? s'écria Simonin en interrompant.»

– Honoré de Balzac

CINÉMAS

L'ANGE DES SABLES
88, bd Pépin IV
Métro et Pont: Bir-Hakeim

L'Ange des Sables, cinéma absurdement vaste et aride dirigé par un fanatique de Fez, ne présente que des films qui ont été tournés dans le désert : *Gallipoli, le Petit Prince, le Désert Rouge, les Misfits, Une nuit à Casablanca, le Tatouage cartographique, le Pays où rêvent les fourmis vertes, Zabriskie Point*, aussi bien que tout film d'Antonioni et Bergman portant sur les déserts de l'âme, *Flambe, ma petite amarante*, et autres westerns. Comme l'atmosphère est très déshydratée, les spectateurs repartent toujours assoiffés et rôtis : une petite visite de fin d'après-midi au Café Frangipane ou au très adapté Caravansérail d'Oubli rechargera vos électrolytes. Pour un rafraîchissement plus approfondi, il reste toujours les piscines, Pontoise ou Jean Taris, jusqu'où la direction de l'Ange des Sables vous suggère bien inconsidérément de remonter la Seine à la nage à travers la jungle des films en cours de projection au Cinéma du Pont Neuf.

PETITE CONVERSATION DANS LE SABLE :

Combien d'anges peuvent danser sur un grain de sable?

Je suis un ange vachement assoiffé.

Allée au Divan acheter un exemplaire de *Dans la tour*, de Danielle Mémoire. Agréablement marché dans le chatouillement de la pluie, l'invitant à me coiffer et à reboucler mes boucles à son gré. Il y a de petites gifles dans l'air. Divaguant vers la rue de Bellechasse, je tombe sur la Pagode, un cinéma de style chinois, avec un salon de thé tout en verre, murs et plafond, et un jardin de branches et de pierres, humide et brillant parmi les feuilles tombées brunes et vertes. Et puis me voici prenant un café à une table basse de bambou laquée noir, si près du sol assise avec les autres nains (voir Services, *laveries*).

LE GRAND BAL TRAVESTI-TRANSMENTAL

Vous souhaiterez peut-être faire un saut en 1923 et y rejoindre la foule du Grand Bal Travesti-Transmental organisé par l'Union des Artistes Russes, et ainsi présenté dans son programme :

" Ce sera une grande foire de nuit avec des chars, des encombrements de rues, élections de reines, de gigolos, de gigolettes, femmes à barbe, manèges de cochons, jeux de massacre, foetus à quatre têtes, sirènes et danses mythologiques, originales en chair et fil de fer incassables, ininflammables, assurées contre les accidents du travail pouvant être mis entre les mains de tous les enfants, Delaunay et sa compagnie transatlantique de pickpockets, Gontcharova et sa boutique de masques, Larionov et son rayonnisme, Léger et son orchestre-décor, André Lévinson et ses vedettes, Marie Wassilieff et ses poupons, Tristan Tzara et ses oiseaux gras, Nina Peyne et son jazz-band, Pascin et ses danses du ventre inédites, Codreanu dans sa chorégraphie, Iliazd et ses accès de fièvre au quarante-et-unième degré, et d'autres attractions de toute sorte. Les salles seront décorées par les meilleures artistes modernes. "

–Sonia Delaunay : *Rythmes et Couleurs*

RESTAURANTS *et* CAFÉS

«Je n'ai rien mangé depuis deux jours, Olivier, je n'ai cessé d'écrire, déclarait Proust, préparez-moi avant tout un café noir très fort, un café qui en vaille deux», ajoutait-il sérieusement, «surtout, sur ma note, ne craignez pas de m'en compter deux.» Quand il se retirait, ses poches étaient vides, et tout le monde avait reçu de fantastiques pourboires, à l'exception d'un seul. «Est-ce que vous pourriez me prêter cinquante francs», demandait-il au portier, qui tirait rapidement une liasse de billets. Du reste, gardez-les, c'était pour vous.»

—George Painter

 Table commune obligatoire, intimité garantie

 Rôtisserie sur place

 Excellentes profiteroles

 Service téléfaunique

 Ouvert très tard

 Ouvert très tôt

 Service acrobatique

 Service lointain

 Éviter le plat du jour

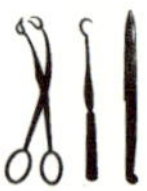 Coutellerie fournie

Négligente imitation du pavillon de porcelaine à Versailles, le Petit Trianon de Dégustation est, de même que, dans ses commencements, son modèle, l'endroit parfait où prendre ses aises et un repas léger. Vous veillerez à porter perruque poudrée et talons hauts (tout spécialement vous, messieurs) et n'oublierez pas vos mouches. La table est au caprice des chefs invités qui, en vacances de plat du jour, ne s'amusent pas moins que les fines gueules. Lorsque deux de ses vedettes culinaires se rencontrent au fourneau, quel dîner suit ce duel des toques! Chacun, dans l'effort de surpasser l'autre, se surpasse souvent lui-même, et c'est tout le monde qui gagne, en particulier les témoins.

PETIT TRIANON DE DEGUSTATION

66, rue des Sangliers

Vous êtes prié de ne pas apporter ce genre de mouche. Et ne confondez pas avec *moche* : laid, comme la *Moche Epoque*, la face cachée de la *Belle Epoque*.

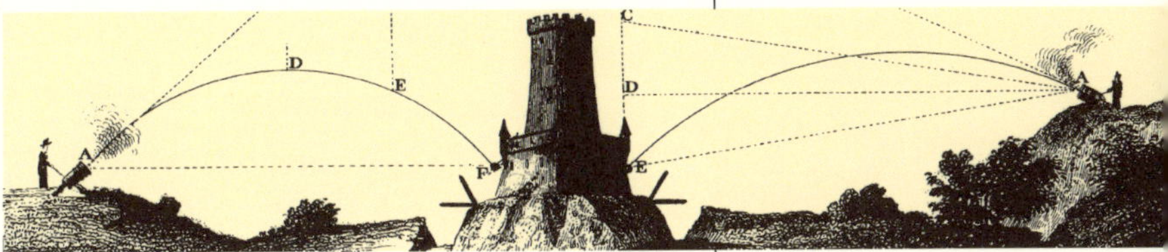

«Brûler de tous les feux de la passion», ces mots traversent l'esprit des amants venus ici tisonner de mourantes braises, ranimer une vieille flamme, ou simplement manger des côtes d'agneau parfaitement grillées. Décor intime, service discret, heures tardives.

AUX PETITS CHARBONS ARDENTS

10, impasse Théodore

LA CÔTE D'OR
19, rue des Mauvaises Pensées

La Côte d'or, qui tire son nom de la région dont sa cuisine évoque le parfum, a été fermée huit mois lorsque, en 1979, le ministre des Calembours et Jeux de Mots en a remis en question l'appellation originelle de *Beaune Appétit*. Discours acrimonieux, démonstrations oulipiennes, citations brillat-savarines s'échangèrent par-dessus de splendides repas en de bouillonnants débats que nombre de Parisiens vinrent à suspecter de ne se prolonger que pour le plus grand plaisir gastronomique des participants. Gavé, pour finir, de fournir tant ses avocats que ses adversaires en déjeuners et dîners gratuits, le propriétaire jeta l'éponge et sa toque pour laisser sa bru à son ambition de berner le pouvoir en place, et tous ses académiques cochons chauvinistes mâles.

Elle a installé dans l'entrée un vestiaire regorgeant de manteaux lamés or que les dîneuses sont invitées à porter à table ou, mieux encore, avec lesquels elles sont priées de vouloir bien, demi-mondainement, parader sur le trottoir entre les plats, protestation couturière bien calculée pour offenser le même ministère que devant, sous la juridiction duquel ne saurait tomber le calembour, désormais à demi-anglais

Note : Le présent article a été rédigé par un plaisantin linguistique regrettablement éloigné de toute humanité mais étroitement proche de son oncle, important actionnaire de la maison d'édition responsable de la publication helvétique en un seul volume italien-français-allemand du présent livre, aussi nous sommes-nous crus tenus de l'inclure, avec toutefois quelques explications : *coat*, qui signifie manteau se prononce approximativement comme *côte*, et c'est la moitié anglaise du jeu de mot. L'or est celui qui recouvre, outre les manteaux, cette triste et plutôt contrainte digression échappée d'un pesant compte en banque suisse.

BRASSERIE LOPLOP
156, rue Malentendue

Nommé d'après la créature fantastique du roman-collage de Max Ernst, *la Femme Cent Têtes*, cet établissement, qui vous offre liens et bâillon pour un supplément modique, ne sert pas avant qu'il y ait cent femmes présentes; si le nombre en diminue à n'importe quel moment, plats et boissons cessent aussitôt d'arriver jusqu'à ce que le chiffre soit de nouveau atteint. Ainsi les plateaux en direction des tables se trouvent-ils souvent arrêtés à mi-chemin, ou plutôt à mi-air, le serveur figé sur place tandis que des femmes qui passaient sur le trottoir

«Je suis un homme… pas une omelette.»
– Anthony Burgess

Avec toutes nos excuses à Max Ernst

peuvent se voir traîner de force à l'intérieur (les liens dans ce cas sont au compte de la maison) de manière que le dîneur d'avant-théâtre puisse gagner sa loge à l'heure due et le ventre plein. Naturellement ces dispositions sont causes de fêlures au sein des amitiés, des liaisons et des mariages, puisque la femme est fondée à suspecter le but d'une invitation à laquelle l'homme doit faire de grands efforts pour donner l'apparence d'un simple moment dans l'après-midi ou la soirée d'amour, de culture et de promenade. Les travestis sont également très demandés, si bien que beaucoup s'installent dans le quartier où, vendant leur corps (et, en fait, leur tête qui est la partie qui compte) au moment voulu, ils se retrouveront rarement affamés ou privés d'affection.

PATTE A LA MAIN
177, bd des Egyptiens

Ce n'est pas un spectacle inhabituel que celui d'une table familiale où les manières d'un des convives, grandes oreilles douces et museau brillant, n'ont rien à envier à celles des moins velus. Mais Patte à la main est expressément destiné aux chiens et à leurs familles, et propose aussi bien des plats pouvant être également appréciés des uns et des autres que des menus répondant aux goûts respectivement canins et humains. Les chiens sont ceinturés à leur chaise en vue de prévenir trop de fraternisations, reniflements et coups de dents aux congénères, et une régulation soigneuse des entrées et sorties permet d'éviter les contretemps canins. Les spécialités pour chiens comprennent l'*Os à moelle*, les *Tripes à la mode canis*, le *Confit de Canard canadien*, le *Boudin Rintintin*, et le *Biscuit à l'aboi*. Les nuits de pleine lune sont réservées aux loups, et vous seriez surpris de voir combien se présentent. Ils arrivent par avion du Yukon, du Carcassus, de Boukovine. L'un de ces soupers fut enregistré et rejoué par la suite à l'occasion d'un banquet de caniches qui, ébranlés par les hurlements, mirent leurs rubans en pièces, s'arrachèrent à leurs sièges, dédaignèrent thé et madeleine et, rappelés à leurs premiers instincts, marquèrent leur territoire sur les pieds des chaises et de leurs humains soudainement étrangers.

CAUSERIE CANINE :

❋*Pourriez-vous servir un soufflé au Grand Marnier à cette charmante petite chienne près de la fenêtre? Avec les compliments de mon schnauzer.*

❋*Une autre assiette de boudins pour mon bulldog, et une pizza végétarienne pour moi.*

❋*Mon airedale bave. Qu'aviez-vous mis dans son ragoût?*

Vu dans les toilettes du Café Nada : «Perdu mignonne petite chienne pattephysique, berger belge noir, intelligente (parle, ou comprend, sept langues; rudiments de dactylographie).»

CAFÉ NADA
222, rue Mouquette

Outre les Ministères, le Nada (en réalité un restaurant, mais baptisé *café* dans l'aimable intention de contrebalancer les chevaux à bascule du Café Dada) a pour clientèle attitrée les éditeurs et leurs auteurs – ces derniers voyant plus volontiers dans *nada* l'espoir serbo-croate que le rien espagnol, mieux au goût des éditeurs qui n'ont à payer que les tables, les chaises, le couvert, le théâtre, et la qualité de jeu du personnel.

Ce sont en fait les auteurs qui ont suggéré cette nouvelle approche du déjeuner d'éditeur, dans le soupçon que la crevette dans son coulis coulant sur leurs manuscrits et les hors-d'œuvre dans les chefs-d'œuvre pouvaient atténuer la dignité de leurs projets, cependant que trop de bons mots tombaient dans le ris de veau. Ainsi naquit l'idée de repas vraiment civilisés : sympathique cliquetis de vaisselle, assiettes changées, réparties échangées avec un gracieux et spirituel serveur – aucun n'est engagé sans une solide formation littéraire. Ce sont les serveurs qui composent les menus, et déclament les plats du jour dans la manière de Gertrude Stein, Jean Arp, Paul Valéry, Georges Perec… Quelques-uns, génies de l'improvisation, proposeront à l'éditeur un menu garni d'allusions à ses auteurs, et à l'auteur d'allusions à son œuvre. Les pourboires étant fonction du brio, pas un fouilleur de Kant ou de Lacan auquel ne dament le pion les serveurs du Nada. Plusieurs, la retraite venue, se sont vu offrir une chaire en Sorbonne. Entrer dans ce cénacle n'est pas chose facile, mais vous pouvez toujours avoir l'espoir d'en voir sortir votre auteur favori, furtivement mâchant son croûton de pain clandestin, ou ostensiblement remâchant sa villanelle.

Si sous un bon ou un mauvais prétexte, vous réussissiez à vous y faufiler, n'allez pas manquer les toilettes. Que de pensée, que d'art dans leurs graffiti, régulièrement reproduits dans la revue littéraire Détartine! Ces murs servent encore d'autres propos et portent la trace des négociations passionnées que mènent de temps à autre, retirés dans les lieux, un auteur et son éditeur.

Bien entendu, les livres sont exposés en vitrine et, saisissant souvent dans leurs premiers instants les collaborations les plus fructueuses, les photographies ornent la salle même qui en a été le cadre.

Les agents, comptant pour du beurre en France, sont abandonnés sur le trottoir, où ils peuvent manger et boire jusqu'à plus soif.

GRAFFITI MAISON

– Auteurs! Gardez-vous de Félix Boucheloup, aux Éditions Pantagruel : il a mangé mon manuscrit pendant que nous en discutions, puis a eu le culot d'appeler le serveur pour lui demander de sauter la disquette.

– Celle qui me botte, c'est la Princesse Hoppy.

– Éditeur discret, marié, entre deux âges, recherche frisson, sévices, épouvante, 70 à 85 pages. Style Anatole France souhaité. Genre Raymond Roussel, s'abstenir.

– 01 43 20 79 86. Offre svelte sphinx effarouché, yeux vert, réponse élégante à toute question stupide, plus gaucho musclé, monosyllabique, grelottant dans hôtel gras, deux personnages qui ont rompu la symétrie de mon roman en cours, *la Stupeur de Flanelle Lune.*

L'ABATTOIR
45, rue des Anciennes Calomnies

Les abattoirs ont fait fureur lorsque l'envahissante, multisensorielle et gigantesque Cité des sciences de la Villette ouvrit ses portes sur l'ancien site des abattoirs de Belleville. Bernard Tschumi, architecte responsable de ce projet, nous est cher depuis qu'il a fait remarquer que *Finnegans Wake* est l'oeuvre la plus architecturale du XIXe siècle.

Restaurant végétarien propice à la transmutation, l'Abattoir est situé sur les flancs avenants de la Montagne Sainte-Geneviève. Le nom n'est pas du meilleur goût, mais la cuisine est tout à la fois imaginative et drolatique. Vous y souperez d'aubergines traumatisées, d'asperges coupées à l'aube de la vie, et de divers plats tels qu'*artichauts étouffés*, *endives reposant dans leur boue*, *haricots sous le manteau de la nuit*, *riz basmati à la discrétion du Chef*, *choc d'Alsace*, une stupéfiante choucroute. Vous vous régalerez, pour le dessert, d'un chœur non moins alerte de douceurs et de gourmandises. Vous éviterez l'*ossiette paysanne*. Vonnegut a ses admirateurs en France : chaque carte du jour propose un nouveau menu en cinq plats baptisé *Abattoir 5*.

BRASSERIE DES MAUVAIS-GARÇONS MANQUÉS
19, rue des Mauvais-Garçons Manqués

Vous rendant à pied du Centre Pompidou au Musée Picasso, vous aurez emprunté la rue des Mauvais-Garçons. Moins connue est la rue des Mauvais-Garçons-Manqués, où vous trouverez le restaurant du même nom. Propriétaire, cuisinières, serveuses, plongeuses y ont beaucoup plus en commun que la brutalité et les jambes velues : toutes ont été exclues de diverses écoles primaires pour usage des poings, port du couteau, bris de vitres au lance-pierres, etc., et quand il a été question pour elles de musique, elles ont toutes choisi le trombone, le tambour ou le tuba. Si vous arrivez assez tard pour dîner, et si vous traînez assez longuement sur votre fromage-tabac brun, vous avez une chance d'entendre les charivariques improvisations du personnel après la fermeture.

La carte est un mélange effronté de plats régionaux et de spécialités maison (ne manquez pas le *rognon coup de pied* ou le *haché aux trois piments*. Le dessert est généralement flambé. Le grinçant *sablé George Sand* arrive à passer avec le café *éclato*). Il n'est pas exclu que votre couvert comporte un couteau à cran d'arrêt.

Le restaurant est fermé le premier mardi de chaque mois pour l'assemblée des Mauvais Garçons Manqués dont les membres, aujourd'hui femmes d'affaires couronnées de succès, causent à la Mafia un tort considérable.

N.B. : Ne pas confondre avec la Brasserie des Mauvais Garçons Manquants, autrefois des Deux Hugo (deux frères si différents l'un de l'autre que leur mère ne crut pas devoir les distinguer en outre par le nom. En accord avec la loi des contraires, ils

PLAINTE FREQUENTE :

Notre serveuse m'a juste mis un œil au beurre noir et m'a renversé ce cassoulet sur mes genoux. Elle m'a aussi déchiré les bas.

Le désordre est épousseté de temps à autre.

demeurèrent étroitement liés dans chacune de leurs entreprises et, serveurs ensemble, disparurent ensemble).

LA PALOMA
78, rue des Regrets

La lettre *P* domine la carte de la Paloma, ce qui autorise les combinaisons les mieux équilibrées; si vous en doutez, jugez-en par vous-même : pain, poulet, poisson, pistou, poivron, palmier (cœur de), petit pois, pissenlits, pastis, pastitsio et, pour adoucir la soirée, pralines, pain perdu, pithiviers, palmiers, profiteroles et plein de pâtisseries.

Et si vous souhaitez connaître le fond de l'histoire et un peu de potins, il faut se souvenir du Relais du Mois de Mai et des Muguets (voir Hôtels) et du caractère grincheux de sa propriétaire, Mme Pugnol. M. Pugnol la quitta au bout de treize ans de désagréments (il emporta les couteaux) pour fonder la Paloma dont le *P* tient à son nom et à la paix qu'il était venu y chercher.

Après plusieurs années de convalescence à aspirer à pleins poumons les toujours premières bouffées d'une liberté retrouvée et d'une solitude ponctuée par le soin des affaires, M. Pugnol (Ambroise pour nous, habitués) se mit en concubinage avec une brillante étudiante en Sorbonne, Noémie Briquebout, laquelle ne tarda pas à apporter sa contribution sous forme de nouveaux noms de plats à la carte de la Paloma. Parmi les poissons en crise existentielle, on compte par exemple son *Saumon de Beauvoir*. Les fanatiques de Magritte commanderont régulièrement la piperade rebaptisée *ceci n'est pas une piperade*.

Depuis que le restaurant signifie *La Paix* (bien qu'il soit éloigné du *Café de la Paix* situé dans un des coins les moins paisibles de Paris, à savoir, l'Opéra), il propose dans son menu un *panaché*, ou mélange savant d'olives bigarrées en harmonie avec les branches d'olivier accrochées au dessus de la porte. Les colombes ne sont pas sur le menu bien qu'elles aient accaparé les lieux.

«... Charles Baron qui a pris ici cette chambre mal commode pour y vivre avec une amie charmante de laquelle je n'ai le droit de dire seulement que ceci : certains jours elle ressemble étangement à une colombe poignardée.»

— Louis Aragon

LE CADAVRE EXQUIS
9, carrefour des Mots Croisés

Le Cadavre Exquis n'est pas un lieu de débauche à l'usage des cannibales et nécrophiles, mais la brasserie des dîneurs audacieux. Chaque plat y suppose l'intervention successive de plusieurs Chefs qui, les yeux bandés, ne voient, chacun, ni son propre travail ni celui de ses collaborateurs. La plupart des plats requièrent de trois à quatre artistes, les plus chers, toutefois, étant d'une genèse autrement compliquée. Un seul Chef déambule les yeux nus afin de vérifier que les desserts comportent vraiment des ingrédients sucrés plutôt que, mettons, des anchois venus à la nage de la surface d'une pizza. Sa tâche est rendue d'autant plus difficile et nécessaire que l'équipe d'approvisionnement a elle-même les yeux bandés. Tout ce que la direction peut garantir, c'est que hors-d'œuvres, entrées, entremets et desserts sont également comestibles et n'incluent pas dans leur composition mascara, toile émeri, acrylique, boucle de ceinture, cavalier fantôme ou pierre philosophale.

Lexique surréaliste :
hasard : le mot le plus juste et le *modus vivandi / operandi* des surréalistes. A ne pas confondre avec *par hasard* (voir page 91).

CHICORÉE
CAFÉ
SUCRE

CAFÉS: INTRODUCTION

Le langage du café : *un café allongé* peut vouloir dire que vous serez allongé après l'avoir bu, ou que l'effet de la caféine s'étend sur plusieurs tasses. Mais si vous voulez faire rire le serveur avec vos charmantes jambes, vous pouvez toujours faire semblant de croire qu'un *café allongé* doit être bu à l'horizontale. Ne tentez pas l'experience si vous êtes sur le zinc. Choisissez plutôt la banquette en compagnie de votre Saint-Bernard.

«Le cœur de la ville bat dans son café». Louise Michel.

Les cafés sont la raison d'être des trottoirs et des coins de rue.

Les amis s'y réunissent, les liaisons y prennent, les relations y craquent la première allumette. On y trouve le téléphone, et parfois son chemin jusqu'à de traîtresses toilettes.

Le penseur/auteur Raynaud Le Blanc déclara au cours d'un entretien que, s'il avait à choisir entre son domicile et le Rat Écrémé, il retiendrait sans nul doute le second. Quand ses sentiments furent rendus publics, sa femme et ses enfants (qui n'aimaient guère le voir à la maison, d'ailleurs) entamèrent contre lui une procédure de divorce après avoir ôté toute la petite monnaie de ses poches, si bien que, réduit à son seul compte en banque, il se vit dans l'obligation, pour pouvoir régler ses grands crèmes et ses cigarettes, d'ouvrir son propre établissement, la Poche Déchirée, rue des Fossés-Saint-Jacques.

Au bout d'un certain temps, se sentant trop chez lui parmi les consommateurs, les consommations, les ouvrages bon marché lus ou écrits sur place, c'est auprès de la concurrence qu'il a trouvé refuge pour mener à terme le livre qui sera le couronnement de son œuvre : *Mille et un matins au cœur de Paris*.

CAFÉ CONJUGAL

368, rue des Allumettes

Propriété de la compagnie qui possède et gère également le Café Conditionnel, le Café conjugal ne tolérera pas les silences glaciaux, les geignements et les voix anguleuses qu'un couple marié impose souvent à ses voisins de table. D'une partie à l'autre d'un ménage en péril, l'invitation à y dîner est donc le signal de la trêve : à peine sur place, les voici tout charme et civilité; il n'est pas rare qu'on ait, arrivé au café et aux profiteroles, oublié jusqu'à la cause du conflit. Que vienne, en revanche, un couple en pleine harmonie, et ce peut être le salut avant la mêlée, le calme avant la tempête.

La conjugalité s'entend ici en un sens élargi et englobe aussi bien un homme et son chien, une femme et son miroir, un ménage à trois plus ou moins ordinaire qu'une dominatrice occasionnelle et son esclave. Il n'est pas exigé de certificat de mariage ou de concubinage.

Dans les années soixante-dix et au début des années quatre-vingt, le Conjugal était subrepticement devenu un marché d'échange de partenaires à court ou à long terme. Il est revenu, avec le Sida, à sa vocation première. Deux non avertis, surpris à s'y faire des reproches ou s'entre-corriger leurs anecdotes, se retrouveront à faire la vaisselle, hacher la chair à saucisse ou récurer les parquets, le temps de se réconcilier avant d'être expédiés au lit à l'étage au-dessus.

JACQUES ROUBAUD, DU CROISSANT IDÉAL

«L'idéal du *Croissant*... le croissant qu'on pourrait désigner comme *Croissant au Beurre Archétypal*, présente les caractéristiques suivantes : losange très allongé, arrondi aux bouts mais de corps à peu près droit (le *Croissant Ordinaire*, et lui seul, a l'allure ottomane, lunaire) – doré – dodu –pas trop cuit – pas trop blanc et farineux – tachant les doigts à travers le papier pelure qui l'enveloppe, ou plutôt le soutient – de chaleur récente (il est sorti du four il y a peu; il n'est pas encore refroidi)...

Il se compose de trois membres principaux, de trois compartiments de chair articulés l'un à l'autre, recouverts d'une carapace tendre, qui l'apparente au jeune homard. La partie centrale est, dans cet homomorphisme croissant-homard, le corps du crustacé, les parties extrêmes sont des pattes sans pinces. C'est un homard extrêmement stylisé, un *Homard Formel*, en somme. Pour que le croissant soit parfait, il faut qu'en tirant sur les «pattes» elles se détachent du «corps» avec facilité, entraînant, chacune, avec elle une excroissance oblique et effilée de chair intérieure de croissant, soustraite à la partie centrale extraite en quelque sorte sans effort de l'intimité même encore chaude du croissant, sans miettes, sans bruit, sans déchirements. Je revendique hautement la découverte de cette correspondance, morphisme structural (du moins je n'ai pas encore trouvé de «plagiaire par anticipation») que je propose de baptiser *loi de Roubaud du Croissant au Beurre*.

– Jacques Roubaud

Bien des hypothèses ont été avancées quant à l'origine du nom de ce mouvement artistique : le russe pour «oui, oui» est controversé, dans la mesure où il y était question surtout de dire «NON» à pas mal de choses – en particulier, toutes les conventions de l'art, de la vie, de la logique et de la guerre. Le Café Dada, pour sa part, a mis son va-tout dans le cheval à bascule, et s'est organisé en conséquence. Les nappes y sont de la meilleure dentelle et les sièges, qui y ont la forme dudit cheval, se meuvent à sa manière, ce qui occupe le client pendant qu'il attend le serveur et qu'il étudie le menu. Seulement il n'y a ni serveur ni menu, il n'y a même pas de cuisine. Le mur ouest est couvert de distributeurs automatiques dans lesquels vous versez la nourriture, le café, le chocolat chaud dont vous n'avez pas voulu dans d'autres restaurants, à l'hôtel, chez vos amis, chez vous. Le distributeur vous rend en échange une grande variété de monnaies étrangères. Il est strictement interdit de manger ou boire. Une visite au Café Dada accompagne admirablement une nuit ou deux à l'Hôtel Triana dont la direction a gardé d'enfantines capacités d'émerveillement et de rébellion.

CAFÉ DADA
7, impasse de Fantômas

ATTENTION! Quand les aliments ne sont pas à leur goût, les distributeurs s'en prennent aux clients. L'une de ces machines a été traînée en justice pour avoir recraché un liquide tiède et suspect à la tête de quelqu'un. La défense a plaidé l'effet du hasard et le plein accord avec les lois Dada. Acquittement.

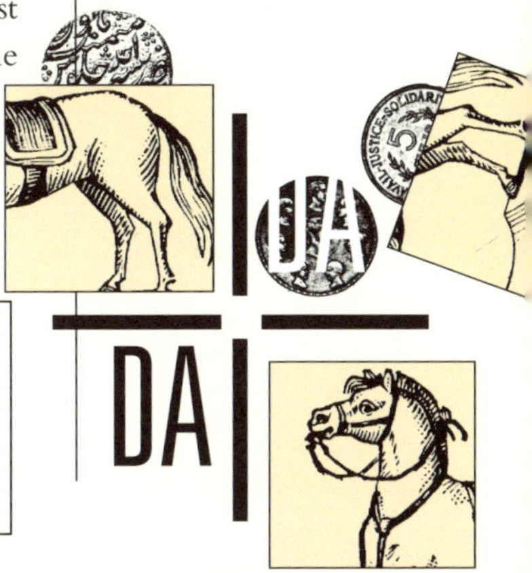

CAFÉ TRÉPANNER
22, rue de la Carpe

" (Scobie) parlait indifféremment anglais et français, mais chaque fois qu'il lui manquerait un mot, il en mettrait à la place un dont il ignorait la signification et la grotesque substitution était souvent délicieuse. C'était devenu une sorte de tic avec lequel il touchait presque à la poésie, comme lorsque il avait dit : "Aujourd'hui, la voiture est trépanée"."

– Lawrence Durrell

Ancien historien de la médecine, l'Anglais propriétaire de ce café a arrêté son choix sur ce nom dans l'espoir qu'il serait symbole du lieu où venir se relâcher des pressions d'un jour de travail. Il ne s'est guère aperçu non seulement que la plupart des anglophones avaient oublié que le*trepanner* est celui qui vous perce un trou dans la tête, mais que, pour les Français, le mot suggérait vaguement l'idée d'une panne. C'est ainsi que le Café Trepanner est devenu un pôle d'attraction pour les mécaniciens et pour les chauffeurs de taxi qui en ont entendu parler faute d'en pouvoir lire l'enseigne située trop haut pour leur regard.

Éviter l'heure de la relève, quand les chauffeurs des compagnies rivales Ça Va Chauffer et Auto Da Fée arrivent tous à la fois : il y a des étincelles, et de la fourrure.

Face à la cuisine est suspendue la célèbre photographie d'Apollinaire, la tête bandée, avec ce vers de lui :

Blessé à la tête trépané sous le chloroforme.

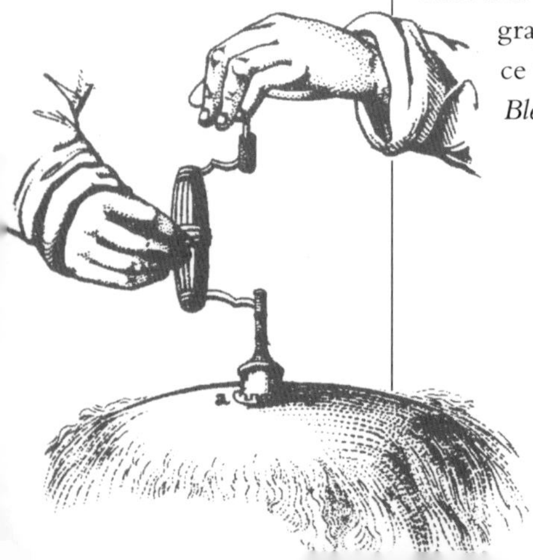

Salon des desserts, délices et débauches, le Café Frangipane★, dans l'esprit de la direction, a en vue la satisfaction de tous les sens de ses clients. Plutôt que boissons, pâtisseries, amuse-gueule – le canapé n'y est pas une tranche de pain garnie, mais celui sur lequel vous êtes déjà suavement allongé –, la carte propose ambiances et aventures dans les catégories suivantes :

Lalique
Tonique
Pique-nique
Tropique
Nomadique
Frangipanique

Lalique : L'assurance (comprise dans le prix) et le privilège de boire et manger dans le cristal. Le gâteau est exquis et les vases signés débordent de roses et autres fleurs de saison, de serre, de frangipanier.

Tonique : Fontaines de jouvence, brassées de bien-être, instants d'éternité. Toniqueurs et Toniqueuses bondissent parfois d'enthousiasme jusqu'à la sortie, sans payer. (Revient cher à la direction.)

Pique-Nique : Affalement, avec panier, sur pelouse amovible. Repas et vaisselle plus solides que dans les autres catégories.

CAFÉ FRANGIPANE
58, rue Barbarie

Le langage du verre : *"Voulez-vous prendre un verre avec moi?"*, c'est ainsi que vous abordera le parfait étranger. Réponse : *"Dommage, mais j'ai déjà pris un verre avec les polonais"*. Mais si vous vous attardez suffisamment pour prendre des notes dans votre carnet, bientôt y figureront des phrases comme *"Héloïse verre vers 16h."*

" Le café étincelait. Le gaz lui-même y déployait toute l'ardeur d'un début, et éclairait de toutes ses forces les murs aveuglants de blancheur, les nappes éblouissantes des miroirs, les ors des baguettes et des corniches, les pages aux joues rebondies traînés par les chiens en laisse, les dames riant au faucon perché sur leur poing, les nymphes et les déesses portant sur leur tête des fruits, des pâtés et du gibier, les Hébés et les Ganymèdes présentant à bras tendu la petite amphore à bavaroises ou l'obélisque bicolore des glaces panachées; toute l'histoire et toute la mythologie mises au service de la goinfrerie. "

– Charles Baudelaire

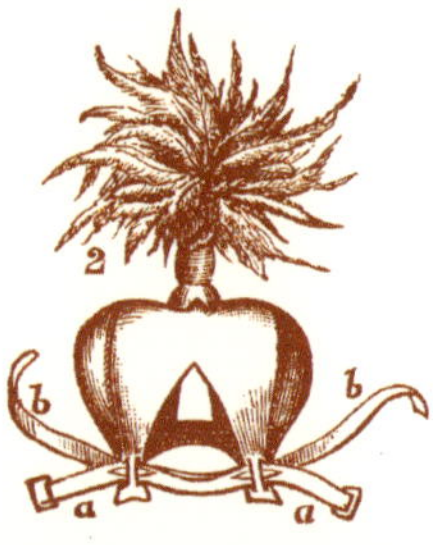

Tropique : Asie du Sud-Est, Amérique Latine, Afrique. Très coloré.

Nomadique : Pas de canapés. Déambulation à travers les jardins (à distance des pique-niqueurs en vue de ne les piétiner pas).

Toxique : Clandestin et onéreux. Pour suicides et crimes passionnels. Arrangements possibles avec le Chef et les Pompes Funèbres.

Frangipanique : Caprice du Chef.

Le client s'étend et s'assoit dans la soie. Les serveurs portent des pyjamas de soie. Ces pyjamas, en vente à la boutique, peuvent également être loués à l'heure pour la somme de 20 francs (à elle seule, la visite de la cabine d'essayage vaut bien ce prix). Capiteux mélange d'orientalisme du XIXe siècle, le Frangipane procure des plaisirs trop évidents et trop subtils pour que tenter de les décrire ne soit pas leur faire offense.

* Frangipane : (de *Frangipani*, nom de l'inventeur de ce parfum), sorte d'arôme d'origine italienne qui servait à parfumer les peaux à gant.

THÉ DE CEYLAN
20, rue Charlotte Corday

Le salon de thé «Thé de Ceylan» était, dans ses commencements, l'endroit où se réveiller à la caféine de fleur de camélia, mais les temps qui avaient changé, ainsi que la propriétaire (il est à présent dirigé par une rescapée d'un ashram du comté de Cork qui avait été disk jockey au «Celtic Twilight» de Dublin), lui ont ajouté non seulement un parfum de brume et de mysticisme celtiques, mais également des tisanes d'herbes tant aromatiques que médicinales et risquées : elles sont chaque soir différentes et dotées d'une effrayante capacité à affecter votre humeur. La littérature New Age déborde des étagères et des porte-revues et chaque mercredi soir est consacré à un conférencier, un phénomène ou une apparition, avec extase de masse subséquente. Si vous supportez la béatitude des autres, c'est ici l'endroit où vous tenir au courant de la musique New Age aux accords en orbite depuis le cœur de l'espace qui, répandant ses enregistrements sur le jazz, la pop, l'ethnique et même le classique, bouleverse les rayons des magasins de disque. Pour ce qui est du thé, l'infusion, ici, répond à son nom : vous repartirez infusé jusqu'à l'ultime délicate goutte, émettant des senteurs de pétales du monde entier jusqu'à votre prochain steak tartare.

AUX DEBOIRES DE PETROUCHKA
48, rue Jonquille

Vous pouvez prendre des zakouski avec votre vodka (rose, jaune ou blanche) ainsi que faisait Stravinski, et écouter la musique qui retournera votre âme et fera tressaillir vos pointes.

123 Une note à la mode : ce sont les Ballets Russes, explique Karl Lagerfeld, qui ont apporté la couleur dans la mode parisienne, les femmes n'ayant guère porté que le noir et le blanc avec discrètes ombres de bleu, de gris et de rose avant cette explosion dans la musique, les mouvements, les costumes et les toiles de fond.

Pétrouchka boit bien, et ses clients de même. Les garçons, dont les hanches feront de leur service un plaisir pour vos yeux, sont recrutés parmi les membres d'un corps de ballet. Entre commande et pourboire, ils s'exercent aux barres installées face au bar.

Déboires signifie ce qui enlève l'envie de boire, un arrière-goût et, par extension, désagrément, déception : on vient chez Pétrouchka pour boire tant qu'on en a l'envie ou pour, buvant, oublier ses déboires. Rappelons-nous la très humaine marionnette, le Pétrouchka du ballet de Stravinski-Fokine, qui ne prend vie que pour tomber amoureux avant d'être humilié par un matamore, son rival. Rien d'étonnant à ce que nous pleurions sur lui, tremblions pour lui, nous identifiions à lui dans nos mauvaises passes. D'aucuns, donc, ici, célèbrent leurs bonnes fortunes tandis que d'autres tentent d'y noyer leur chagrin, mais pour les uns et les autres, quelque chose change tandis qu'ils sont là, bouffonnant. Un coin de salle est réservé à de plus sobres desseins : on joue à divers jeux de cartes austères avec pour toile de fond un agrandissement d'une photographie de Stravinsky et Balanchine à leur propre *Jeu de cartes*, l'une des plus éclatantes et modernes de leurs créations.

Ce night-club est, à sa manière, un monument à Diaghilev et à ses Ballets Russes, et ses riches couleurs évoquent une collaboration qui secoua la ville.

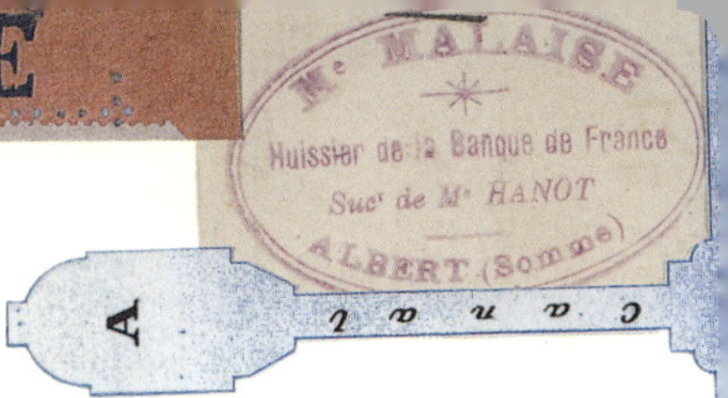

SERVICES

«Je désirais savoir s'il existait toujours dans son domaine une bizarre institution de laquelle m'avait jadis entretenu Valéry : une agence qui se chargeait de faire parvenir à toute adresse des lettres venues de n'importe quel point du globe, ce qui permettait de feindre un voyage en Extrême-Orient, par exemple, sans quitter d'une semelle l'extrême-occident d'une aventure secrète.»

– Louis Aragon

RF
500f

Êtes-vous exaspéré par vos compagnons de voyage et les infinies négociations que réclament chaque pause et chaque départ ? Aspirez-vous à l'aventure solitaire de type canaille ou haute culture ? Êtes-vous simplement trop poli, trop timide ou trop hypocrite pour vous risquer à le dire et vous en aller de votre côté ? Le Service Kidnapping vole à votre secours et vous aide à disparaître. Comme ils sont débordés en pleine saison, réservez longtemps à l'avance.

LE SERVICE KIDNAPPING
158, rue des Escroqueries

Délivrez-moi de mes amis
– Voltaire

CHACUN A SON GOUTEUR

Accrédité auprès de l'Association Gastronomie en Péril (une division du Musée de Gastronomie sinon Dégustation). Pour un tarif à débattre, on goûtera pour vous plats et boissons en vue de prévenir tout risque de mort déplaisante et intempestive par empoisonnement ou délibéré ou accidentel. Spécialités : arsenic, cyanure et ptomaïne de tous les jours. Compte tenu de leur politique et affiliations idéologiques, n'attendez pas de ces gastronomes qu'ils vous assistent au Café Dada. Vous devrez apporter votre propre crédence.

LE SERVICE PRE-GOUTER
10, voie Unique

«À chacun son goûteur» n'est vrai que jusqu'à un certain point, même si dans le cas où l'un (l'une) d'entre eux vous a particulièrement agréé, il vous est loisible de le ou la redemander avec l'espoir qu'il ou elle est encore en vie.

LE SYSTÈME POSTAL FRANÇAIS
La Poste et ex-Communications au Pont Traversé

EX-COMMUNICATIONS :

☞ *Avez-vous une échelle ? C'est pour atteindre votre employé de la poste aérienne qui est suspendu au plafond.*

◉ *Je souhaite envoyer ceci à mon cousin à Zurich. Ce n'est pas une lettre, c'est juste un papier déchiré dans le style de Jean Arp. Est-ce le même prix ?*

La brutalité revêche du système postal français est également familière aux touristes et aux habitants, quoique le visiteur dont il manque encore plusieurs épaisseurs à la peau de rhinocéros soit plus susceptible, après la première transaction, d'aller épancher ses larmes dans plusieurs verres de pastis ou de cassis. La poste et excommnication qui fait face à la librairie surréaliste Le Pont Traversé, toutefois, obéit à un dérèglement particulier. Le courrier posté de cet établissement, dont les employés sont suspendus au plafond, délicate allusion à la poste aérienne et à la Carte du Ciel Surréaliste, ne sera délivré que dans les pays et villes figurant sur la Carte du Monde Surréaliste. C'est ainsi que la fille de La Rochelle qui, filialement-pieusement, a cru pouvoir envoyer à sa mère une carte postale de *la Dame à la Licorne* n'a aucun espoir qu'elle tombe, sinon par hasard, dans un giron avalé par la Seine. La Poste Transversée, ainsi que l'appellent voisins et lettrés, est populaire auprès des habitants des îles tropicales, glorifiées par le cartographe, ou ceux qui, leur pays ayant été omis, ont dû adopter des parents dans le Pacifique pour avoir quelqu'un à régaler de leurs anecdotes. Pour les Américains, c'est un grand soulagement, l'expatriation complète. Et, depuis la chute du rideau de fer, les babas russes reçoivent par brassées les lettres destinées à toutes les mères du monde hors d'atteinte. Beaucoup les négocient auprès des gangsters russes en échange d'un billet pour aller voir les Impressionnistes français à l'Ermitage.

Pour votre lexique :

par hasard : accidentellement par opposition à exprès : délibérémment.

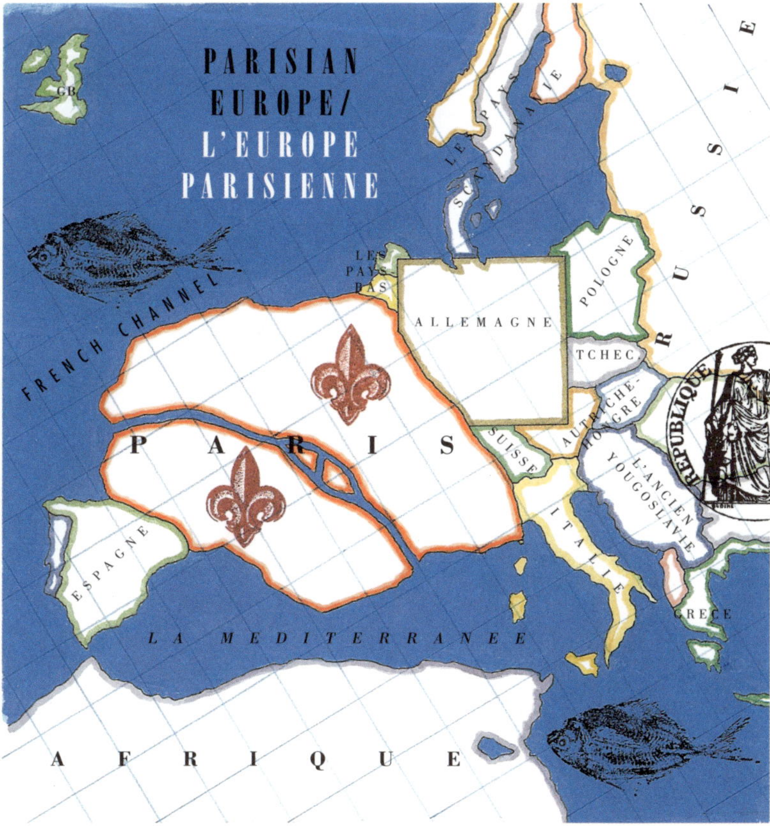

Avec toutes nos excuses au *Plan surréaliste du monde*.

BUREAU DES BOULEVERSEMENTS
4, Grande-Etoile-des-Cauchemars

Un nouveau mot pour votre lexique : *Bouleversé* : chamboulé, renversé. Lorsque vous connaîtrez bien ce mot, vous l'emploirez constamment.

Un bulletin météorologique plurilingue est à votre disposition 24h sur 24, sur simple coup de fil à la réception ou au Bureau des Bouleversements. Donnez à ce dernier un délai de 24h pour obtenir une réponse.

Depuis que le maire, Pierrot Le Fou, s'est majestueusement installé à l'Hôtel de Ville, le traitement réservé aux touristes s'est fait plus amène quoique aléatoire. Indifférence ou brimades un jour, le jour suivant est tout sourire et bonhomie. Dans l'épaisseur de la bureaucratie se trouvent désormais ménagées de rares niches de sympathie occasionnelle, au nombre desquelles la mise en place particulièrement appréciée d'un réseau de centres d'aide aux voyageurs bouleversés par les Grands Boulevards. C'est ce qui peut vous sembler superflu, tranquillement assis comme vous êtes en ce moment, mais attendez un peu qu'il vous faille franchir l'un de ces tourbillons où se déversent six à huit grandes artères : vous risquez d'y perdre non seulement votre chemin mais jusqu'au nom de la rue et la direction qu'il aurait fallu prendre, le temps de sauver votre vie d'entre les Renault et Peugeot.

Les jours d'inclémence, on se contentera de vous rejeter, la tête la première, tournoyant, au beau milieu de la circulation; d'ordinaire, toutefois, le traumatisé sera pris en charge et réorienté conformément à la fois aux mœurs du quartier et aux règles en vigueur dans le centre auquel il s'est adressé, les méthodes appliquées dépendant du talent propre aux membres du personnel toujours temporaire (presque tous suivent en même temps une formation de chauffeur de taxi).

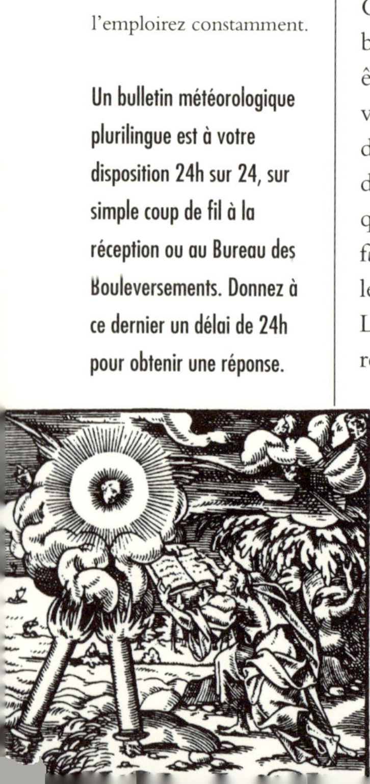

Combien il y a de ces établissements aux blanchisseries du temps de Victor Hugo! Des laveries, à présent, illuminent chaque coin de rue jusqu'à une heure tardive. Libre service, pièces de monnaie, chaque chaussette pour soi. Il y a longtemps de cela, les malheureuses blanchisseuses gagnaient à peine de quoi se nourrir et se vêtir sans un peu de prostitution; quelle chance si vous étiez jolies, aviez de fines chevilles et la gorge crémeuse. Des Parisiens et quelques touristes donnent encore leur linge à la blanchisserie, mais les machines en libre service sont à votre disposition. Vous irez avec votre appareil photo à la photogénique blanchisserie Cherubini, square Louvois, mais pour vos chemises sales, vous préférerez la laverie qui ne peut que se trouver à deux pas de votre hôtel. Avec ses mignons petits chariots rouges à un pied et deux roues, la laverie Julice, rue Monsieur-le-Prince, est un modèle d'efficacité et d'esprit pratique. Vous mettez votre linge dans la machine de votre choix, et votre argent dans la banque centrale; le paiement effectué, il suffit d'appuyer sur le bouton correspondant à la Miele de votre choix pour qu'elle entreprenne bien tranquillement son cycle d'une heure, ce qui vous laisse tout le temps pour aller visiter la librairie le Moniteur et les vitrines des maisons d'édition du voisinage, ou pour courir paresser dans les jardins du Luxembourg ou l'un des cafés de la Place de la Sorbonne, ou sur les

LAVERIES

Beaucoup de laveries incluent une machine de nettoyage à sec dont l'usage est formellement proscrit pour tapis de bain, rideaux, tapisserie, et animaux domestiques. Vous laverez labradors et ocelots dans la salle de bains de l'hôtel.

LE MONITEUR/ JULICE

douces marches de pierre de l'Odéon.
Si c'est, en attendant la perte de l'inévitable chaussette, d'autres frissons que vous êtes en quête, vous ne devez pas manquer la Slavonnerie, avec ses affichettes en caractères cyrilliques et son épouvantable savon russe, ni la laverie toute chinoiserie désormais rattachée à la Pagode (voir Vie Nocturne et Loisirs, *Cinémas*), avec projection permanente de courts métrages, par cycles adaptés aux programmes de lavage. À la Slavonnerie, la machine seule sera votre esclave, conformément à l'espoir des Constructivistes Russes avant que l'Histoire ne vînt staliniser leurs rêves.

Salle Japonaise
La Pagode

«(Oscar Wilde) rentrait chez lui par les rues de Paris. En passant le Pont des Arts, il s'arrêta pour regarder le flot attirant de l'eau verte au-dessous de lui. Soudain, il remarqua à son côté un homme pauvrement vêtu qui, lui aussi, regardait le fleuve. "Hein, mon pauvre, êtes vous désespéré ?" demanda-t-il. "Non, monsieur, je suis coiffeur", fut la réponse.»
– Richard Ellmann

LE PETIT ENFER
12, rue des Anges Rouges

Dans un genre tout à fait différent et nettement plus sinistre, au 12 rue des Anges-Rouges, se trouve le Petit Enfer, ouvert 24 heures sur 24. Les sèche-linge y ouvrent des gueules diaboliques et inhalent l'humidité des taies d'oreiller, draps, serviettes de toilette, en trois minutes pile. Comme les lave-linge prennent une éternité, toutefois, la générosité de la direction offre diverses distractions à sa clientèle condamnée. Les distributeurs de monnaie font en même temps machine à sous. On presse un bouton, et voilà – casino instantané. Un poker, dans un coin, poursuit son cours interminable. Strip-poker ? Les joueurs ne sont d'ordinaire qu'à demi-vêtus, leurs sous-vêtements, T-shirts, chemises, pantalons livrés au purgatoire des eaux de Javel et des adoucissants. Les jeux de cartes sont uniques au monde – squelettes et danses macabres plus ou moins dévêtues gravés sur bois. On peut se les procurer à la boutique Une Saison en enfer, Place Denfert-Rochereau, à l'entrée des Catacombes ou dans les kiosques des principaux cimetières de la ville. Ces kiosques sont parfois difficiles à trouver ou, plutôt, à remarquer, si peu différents qu'ils sont des mausolées.

PHILOSOPHE PAR L'HEURE
58, rue Cassetou

Un service que seule peut vous offrir la ville de Paris, avec ses philosophes élevés au rang de vedettes et ses cigarettes épistémologiques. La pratique habituelle est de prendre rendez-vous dans le café approprié et d'arriver perdu dans ses pensées. Spécialités : Lacan, Bergson, Freud mit Toast, Oblomov, Erik Satie, Derridada, Pataphysique, Existentialisme, Humanisme, Alchimisme (inclut, pour 15 000F, une digression sur *le Mystère des Cathédrales*, ou, pour 1 500F, une visite des symboles alchimiques sur les portes du Marais – non proposée par le Musée de la Porte, ne comptez donc pas vous en sortir ainsi),

" Ma voix est la tienne et tu distingues
Ma volonté. Mais tu veux...
Moi ! L'Idée ! "
– Paul Valéry

Franchement-Nihiliste, et hybridations variées des mêmes ou d'autres. La plupart des cafés refusent les Ubuesques, il faudra vous y prendre par vos propres moyens si ce que vous souhaitez vraiment, c'est vous inonder de leur riche langage.

LE FAX FOOD
55, rue des Ambassades Inconnues

Le Fax-Food est un traiteur spécialisé dans l'emballage en fax des confiseries aussi bien que de plats plus substantiels pour les abonnés au service décrit ci-dessous.

Le client, à Helsinki, Kyoto ou Vancouver, par exemple, reçoit sur papier son grand crème-croissant (satisfaisant à la Loi de Roubaud, pattes sans effort se détachant du corps) et ne lui redonne forme comestible qu'au moment où son appétit se réveille.

C'est ce qui, le fax obéissant à sa propre loi (savoir la vitesse), a généralement lieu sur-le-champ, d'autant que les produits sont décrits avec une précision si délectable que seul le plus féroce anorexique peut avoir l'espoir de résister un peu.

Si vous possédez un fax intégré à votre ordinateur, vous pouvez, à votre choix, imprimer ou passer directement à la transsubstantiation grâce à l'accessoire culinaire (vente exclusive chez Fax-Food) que vous aurez branché sur la gauche de votre écran.

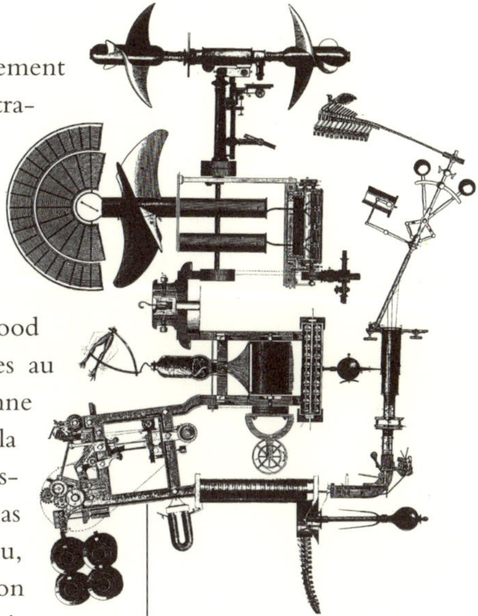

Le Fax-Food, qui se distingue également par ses capacités culinolinguistiques, traduit les plats des nations étrangères (Allemagne, Angleterre, pour citer les plus tristement réputées) dans le plus français raffinement. L'*Hasenpfeffer* de Dresde, dans le cas teuton, accomplit son curieux voyage à travers le Fax-Food pour réapparaître frétillant des pattes au *Lapin à Gilles*. Le *Kalbhaxe*, qui résonne en gros comme un sabot à manger à la hache, se transforme en la plus appétissante Blanquette de veau (à ne pas confondre avec la Banquette de veau, créée au Musée de Gastronomie sinon Dégustation : une collaboration originale entre charcuterie de pays et ébénisterie d'art).

Des rumeurs ont couru selon lesquelles les fonds du Ministère de la Culture auraient été déposés directement au compte du Fax-Food : obscures tractations entre des représentants du Gouvernement, des conservateurs de musée et le Comité directeur du Fax-Food, tous s'efforçant de prolonger les plaisirs de la table jusque dans leur bureau. Un scandale d'ampleur internationale est sur le point d'éclater : plusieurs d'entre eux auraient été surpris, serviette autour du cou, en train de lécher leurs machines.

CI-DESSUS : un exemple de *neuro-éléctricité* : système de propulsion différentiel fonctionnant grâce aux pattes d'une grenouille.

TOILETTES DAMES

Toilettes pour femmes, sont signalées par ce symbole universel fort pratique.

«Les toilettes sont ouvertes» annonce joyeusement le panonceau du jardin du Luxembourg. Elles le sont, et leur visite est toujours une expérience agréable. L'hôtesse, coiffure soignée, port noble, vous accueille aussi gracieusement que si vous étiez invitée pour le thé. Les commodités reluisent de ses attentions, tandis que l'essuie-mains est exactement celui que vous achèteriez en gros si vous ouvriez votre propre trattoria.

Tandis que certains d'entre nous, accroupis au-dessus de toilettes à la turque, s'efforcent de ne pas tremper leurs bas, leurs culottes, leurs chevilles et leurs chaussettes, de choyés sybarites pissent en grand style. Imitations des chalets d'aisance de jadis, ces toilettes très exclusives – beaucoup situées sur des places et squares brodés de fleurs – attendent l'élégante usagère pour qui ce n'est pas une sortie moins agréable qu'un rendez-vous au salon de thé.
Les voix célestes des Arts Florissants de William Christie flottent sur un décor inspiré de l'École de Fontainebleau – voluptueuses chairs séraphiques et humaines en déshabillé –, le papier de toilette fleure la vanille un jour, l'autre le jasmin, la rose ou la mandarine. Une fois cédés vos quatre-vingt-cinq francs, lorsque vos pas se seront aventurés au cœur de l'un de ces outrages, vous vous demanderez si vous ne vous trouvez pas plutôt au kiosque du marchand de glaces, avec ses cornets de pralinés, de citron, de nougat et de chocolat. Vous pourrez, si la file n'est pas trop longue (trop de dames ayant de trop de champagne accompagné leurs huîtres) perdre un peu de temps à vous admirer les cuisses et longuement considérer votre agenda pour la suite du jour. Ce système de toilettes de luxe est l'enfant de l'esprit des mêmes associations culturelles qui ont pourvu à l'aménagement de la station Récamier; les bénéfices, dans ce cas-ci, sont

dévolus à l'achat de cahiers, carnets de croquis, plumes et pinceaux pour élèves langoustiquement et linguistiquement démunis des établissements primaires et secondaires les plus miteux.

Que ceux d'entre nous dont les pourboires du Café de Cluny ou les toilettes à pièce susciteraient l'indignation, prêtent un regard attentif à quelques notes relatives au cas ordinaire. Même la brasserie la plus civilisée peut, au sous-sol, vous prendre par surprise dans ses toilettes à la turque : préparez-vous en chemin à lutter avec votre jupe, et si vous portez un collant – bonne chance! De toute façon c'est un accessoire superflu, ainsi que vous auriez pu le remarquer dans la dernière salle d'attente ou le métro, et vous auriez dû l'enlever depuis longtemps.

Les toilettes de la Brasserie du Louvre sont, elles, tout à fait confortables, et vous pouvez, dans n'importe quel restaurant de luxe, demander à y faire un saut avant de consulter la carte. Dans celles de Beaubourg, il se passe d'étranges choses. Vous y rencontrerez des voyeurs aux méthodes les plus originales pour vous regarder de bas en haut.

«Un ciel mauve, où les lueurs des illuminations mettent comme le reflet d'un immense incendie, un bruissement de pas faisant l'effet de l'écoulement des grandes eaux, la foule toute noire, de ce noir un peu papier brûlé, un peu roux, qui est le caractère des foules modernes, une espèce d'ivresse sur la figure des femmes, dont beaucoup font queue à la porte des *water-closets*, la vessie émotionnée, la place de la Concorde : une apothéose de lumière blanche, au milieu de laquelle l'obélisque apparaît avec la couleur rosée d'un sorbet au champagne, la tour Eiffel faisait l'effet d'un phare laissé sur la terre par une génération disparue, une génération de dix coudées.»

– Edmond et Jules de Goncourt

Mauvaise position

SITES *et* MONUMENTS

«Dans le cru matin de printemps voilé de légères odeurs
flottent du Paris matinal : anis, sciure mouillée,
pain chaud, et comme je passe le pont Saint-Michel,
le réveil des eaux bleu acier me glace le cœur…
Bronze des ombres dans la vaste église engargouillée.»

– James Joyce

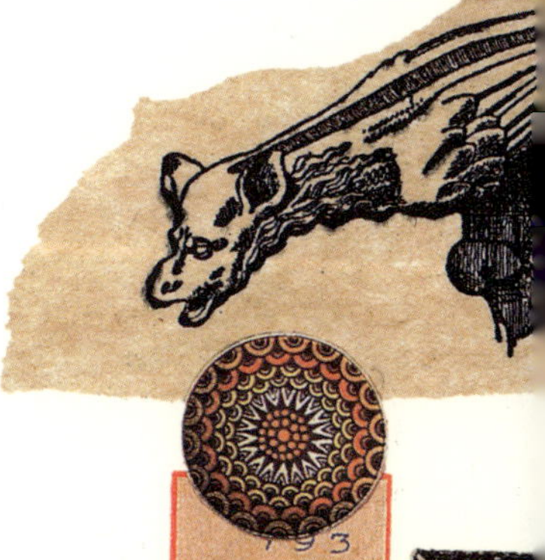

XXIII
Ambassade
Clémenceau
CHAMPS ÉLYSÉES
Rue Royale
CONCO
Chantill
Pont de la Concorde
zarches
Ch des Député
MAUBOURG
TOUR
Rue de Bourgogne
Grenelle
Consulat des Pays Bas
Ambassade de l'U.R.S.S.
PROVISOIRE
PARIS
Pantin
Aubelier
52
62
BRANL
Mozart
Lycée Molière
Boulainvilliers
Ranelagh
Omnibus
Ecoles

LE PANTHEON, NON, LES INVALIDES . . .

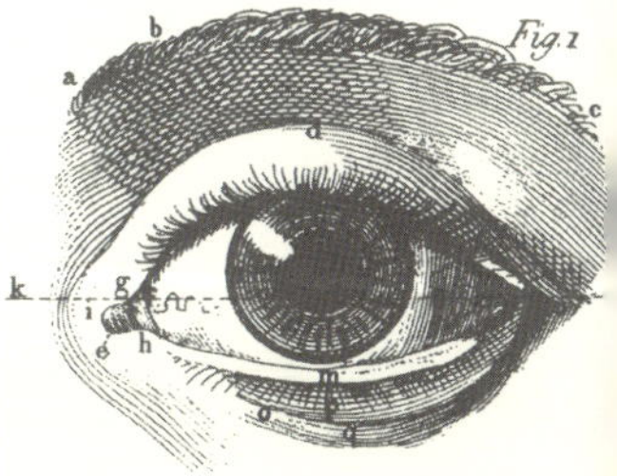

«– Et ça ! là-bas !! regarde !!! Le Panthéon !!!!
– C'est pas le Panthéon, dit Charles, c'est les Invalides.
– Vous allez pas recommencer, dit Zazie.
– Non mais, cria Gabriel, c'est peut-être pas le Panthéon ?
– Non, c'est les Invalides, répondit Charles…
– T'en es sûr qu'il lui demande, t'en es tellement sûr que ça ?
Charles ne répondit pas.
– De quoi que t'es absolument sûr ? qu'il insista Gabriel.
– J'ai trouvé, hurle alors Charles, ce truc-là, c'est pas les Invalides, c'est le Sacré-Cœur.
– Et toi, dit Gabriel jovialement, tu ne serais pas par hasard le sacré con ?»

– Raymond Queneau

LA TOUR SAINT-JACQUES

LA MAISON DE BALZAC

Qu'ont donc de commun la tour Saint-Jacques et le pavillon de Balzac à Passy ? Un boucher. Pas le même boucher : des siècles les séparent, mais le sang les rapproche. Le nom entier de l'église du XVIe, dont ne subsiste que la tour, est en effet Saint-Jacques-de-la-Boucherie. Si ce sont vraiment les bouchers qui vous intéressent, il y en a un très beau rue Rambuteau. Il y a aussi un ballet des bouchers dans un roman de Blaise Cendrars, qui mérite d'être mentionné ici puisque le bar où prend place la bagarre est – oh la! la! – la Taupi-

" A Paris la tour
Saint-Jacques chancelante
Pareille à un tournesol
Du front vient quelquefois
heurter la Seine
et son ombre glisse
imperceptiblement
parmi les remorqueurs "
– André Breton

nière. Aucun lien toutefois avec la respectable chaîne d'hôtels des stations du R.E.R., même si la banlieue peut se montrer violente et abonder en vendeurs de drogues, voyous et cabines téléphoniques utilisées à des fins illégales, en sorte que vous pouvez souhaiter avoir sur vous un couteau de boucher quand vous y prenez une chambre.

" *-...Il était trois heures tapant.* La Taupinière *venait à peine d'ouvrir que déja c'était la bousculade, comme toutes les nuits, des loucherbems, des bourgeois, des chauffeurs, des livreurs, des forts, des poivrots et pas mal de jeunesses et de la fesse... Je buvais le coup, un autre, un troisième, un quatrième, en me marrant, attendant mon heure, regardant la bille des gens et me réjouissant fort car on mène toujours grand raffut à* La Taupinière *et les discussions, les prises de bec, les engueulades qui font ma joie n'y sont pas rares... Pan! Encaisse ça, mon salaud, et immédiatement c'est la bagarre, à croire que les clients n'attendaient que ça pour commencer et se sauter dessus et se mettre à se cogner les uns sur les autres et à tout casser... Un type trempait les serviettes amidonnées dans les sauces et les mayonnaises et les jetait par poignées dans la mêlée. Tu parles d'un grabuge! Avec les loucherbems qui avaient pris le comptoir d'assaut sous prétexte de protéger le patron mais qui, en vérité, le pillaient et le dévalisaient, se battaient comme des guignols à coups de saucissons qu'ils décrochaient du plafond, on aurait pu croire à une noce massacrée, à cause de leurs* *casquettes et de leurs tabliers blancs tout maculés du sang des abattoirs. "*

- Blaise Cendrars

Mais il est temps de nous tourner vers un sujet plus délicat, celui de l'identité féminine de Balzac. Après la faillite de ses cultures d'ananas et de son imprimerie, Balzac se mit à l'abri des créanciers dans un charmant pavillon, propriété d'un boucher, sous le nom de sa gouvernante, Mme de Breugnol. Quand ses amis lui rendaient visite, c'est sous ce nom qu'ils devaient le demander; eux-mêmes habillés en femme, ils devaient s'annoncer sous un nom approprié. George Sand qui, pour sa part, pouvait en user comme elle l'entendait, fut trop troublée pour venir bien souvent. En 1985, le Musée de la Mode et des Costumes organisa une exposition de ces déguisements, et ce fut l'un de ses plus grands succès. Le beau monde invité à la soirée de gala eut la stupeur d'y voir en travestis les Monty Python qui avaient eu grand mal à décider quels personnages féminins de leur répertoire incarner, quoique, bien sûr dussent être du nombre les deux femmes qui, ayant commencé dans une laverie une discussion philosophique, traversent la Manche en vue d'éclaircir les points les plus obscurs auprès de Jean-Paul Sartre.

«– Ouvrez grand vos hublots, tas de caves, dit Fédor Balanovitch. À droite,

Il vous faut absolument visiter la maison de Balzac (47, rue Raynouard) pour vous rafraîchir les pieds dans le placide Passy – au siècle dernier encore un village (Balzac se rendait à Paris par le bac); aujourd'hui un quartier chic –, non seulement à cause de la généalogie des personnages de la *Comédie Humaine* et de la bien aimée cafetière de Balzac, mais pour toucher le ciel lorsque le métro remonte sur terre et dérive vers l'ouest par-dessus les avenues.

vous allez voir la gare d'Orsay. C'est pas rien comme architecture et ça peut vous consoler de la Sainte-Chapelle si on arrive trop tard.

...

– Sainte-Chapelle, qu'ils essayaient de dire. Sainte-Chapelle...

– Oui, oui, dit-il aimablement. La Sainte-Chapelle (silence) (geste) un joyau de l'art gothique (geste) (silence).

– Recommencez pas à déconner, dit aigrement Zazie.

– Continuez, continuez, crièrent les voyageurs en couvrant la voix de la petite. On veut ouïr, on veut ouïr, ajoutèrent-ils en un grand effort berlitzcoulien.»

– Raymond Queneau

PARC CHAUVE-SOURIS

Venez-vous souvent dans ce noctambuparc? Les chauves-souris reçoivent-elles leurs piqûre annuelle contre la rage ?

Naguère encore Parc Montsouris, jusqu'à ce qu'une nielle en provenance de Transylvanie ait attaqué le mont et tout son feuillage pour le laisser chauve et un peu honteux. Il est depuis devenu âpre et babillant de ruisseaux et de grottes et, aujourd'hui, le repaire favori des chauves-souris sans doute flattées par le changement de nom. À la différence des autres parcs et jardins de Paris, le Parc Chauve-Souris ouvre du coucher du soleil jusqu'à l'aube. Les Roumains qui, près de l'ambassade de Roumanie, à l'angle

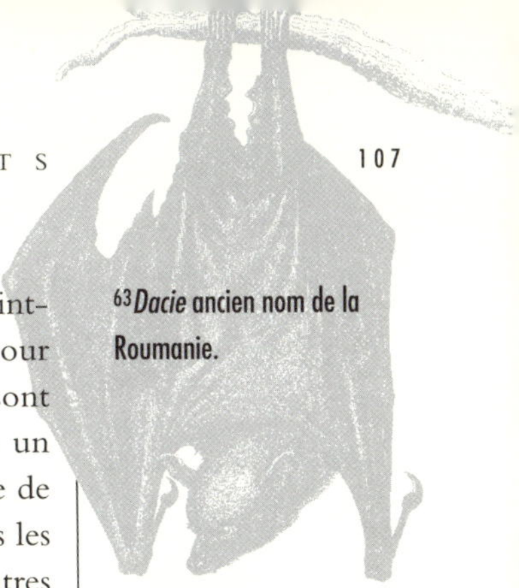

de l'avenue de la Bourdonnais et de la rue Saint-Dominique (pour ainsi dire au pied de la tour Eiffel), possédaient déjà un bon restaurant, sont arrivés presque sur-le-champ pour ouvrir un nouvel établissement qui propose du fromage de brebis aux herbes roumain, un ragoût de tous les légumes que donne le sol des Balkans, et autres spécialités de l'ancienne Dacie. Le *ghivetch* demande en principe une tête d'ail entière, que le chef a dû réduire à un soupçon pour ne pas faire fuir les chauves-souris et tous les touristes venus dans l'espoir d'une rencontre avec le comte Dracula et ses adeptes aux longues dents.

[63] *Dacie* ancien nom de la Roumanie.

Grises dans la grisaille, les statues se chauffaient au soleil, dans les jardins encore voilés. Quelques fleurs isolées se levaient des longs parterre et disaient : Rouge, d'une voix effrayée.

– Rainer Maria Rilke

LES CHÊNES ANDALOUS

Lieu mal peigné festonné de chênes d'Andalousie, généralement grouillant de mouches. Il n'est pas sûr à de certaines heures, mais comme ces heures ne sont jamais les mêmes, il vaudra mieux prendre avec vous votre loup ou votre garde-du-corps, ou garer vos attrayantes formes aux côtés d'un citoyen vénérable, quoique, ces temps-ci, ils se fassent rares.

CRÉDIT ÉGYPTIEN
104, avenue des Grands Chameaux

Petit glossaire pour distributeur automatique (toutes cartes bancaires acceptées).

Rien de mieux que le foyer du Crédit Égyptien si vous souhaitez reprendre souffle et vous reposer les pieds. Cette banque est située du même côté de l'avenue que la Gare de Louxor, point de départ des cortèges d'*Aïda*.

Les bas-reliefs des murs intérieurs représentent des personnages historiques tels que Marat, Charlotte Corday, Louis XVIII, le Cardinal de Richelieu, Madame de Pompadour, Napoléon, Charles De Gaulle et François Mitterrand, à l'égyptienne, de profil, ou assis chacun sur son trône, son chien royal étendu à ses pieds. Des expositions temporaires sur le thème de l'écriture nous rappellent que la bande dessinée remonte au temps du Grand Sphinx. D'exceptionnel caractère, une momie de chat, avec regard et moustaches éternels. Mais c'est ici, prétend la banque, l'unique endroit où vous verrez en outre, auprès de la momie du chat, souris et mimolettes momies.

Dans une époque où les télécommunications connaissent à travers le monde des bouleversements révolutionnaires, le Crédit Égyptien annonce une innovation de son propre cru : le distributeurs hiéroglyphique automatique. À chaque nouveau titulaire d'un compte, il est remis un dictionnaire multilingue, qui indique le sens de chaque touche, message ou commande hiéroglyphiques, en vue de négociations symboliquement correctes.

Patte à la Main, comme vous le savez, ne bénéficie pas du service Pré-Goûté; si votre chien meurt à Paris d'indigestion ou de surexcitation, vous pouvez le faire enterrer au cimetière des chiens à Asnières, près des berges de la Seine. Bien que le comte Robert de Montesquiou, modèle du baron de Charlus, se soit décrit lui-même comme «un lévrier en redingote», ce n'est pas ici qu'il est enterré, et bien que les chats préfèrent garder leurs distances avec les chiens, la panthère rose animée de l'Inspecteur Clouseau l'est. Elle est morte de l'abcès qui lui ravagea la patte après une échauffourée pour une histoire de vol de diamants et de fourrures[37]. Ses funérailles furent un spectacle touchant, toutes sortes de célébrités étant venues lui rendre un dernier hommage, d'Yves Saint-Laurent à Rudolf Nouréïev.

LE CIMETIÈRE DES CHIENS

(fermé le mardi et pendant les vacances)

[37] La panthère était sur la piste des fourrures, Clouseau sur celle des diamants.

CENDRES DANS LA COSMOPOLIS CONTEMPORAINE

Les loups expriment parfois le souhait que leurs cendres soient répandues dans la Vallée-aux-Loups, où la maison de Chateaubriand vous est ouverte aux heures de visite, qui l'était à toute heure à Mme Récamier. Ô cendres, Ô cendres, tombant comme neige, mais non pas du haut de la tour Eiffel. Bien qu'il y ait quelques rares coûteuses cryptes à mi-hauteur de la tour, vider du sommet l'urne de son autre meilleur ami coûte vingt mille francs d'amende et cinq ans d'interdiction de séjour dans la capitale au mécréant endeuillé.

CONFESSIONS D'UNE CONCESSIONNAIRE

Vous avez vu ce panonceau, là, à côté ? Les conditions sous lesquelles conserver vraiment à perpétuité son lopin de terre ? Et voilà! Je me réveille tout juste, excusez-moi, et mes pensées sont un peu disloquées; mes os aussi, le sont : rien d'étonnant après cent soixante ans! Ah! j'ai été un cadavre exquis! Je me rappelle mes filles, en rien meilleures maîtresses de maison que moi-même (ce défaut s'est apparemment transmis de génération en génération), disant combien j'étais belle dans mes rubis, ma robe du soir, ma perruque préférée, mes chaussures de cuir de Cordoue, cadeau d'un admirateur après sa visite au roi de Sicile. Eh! bien, pourquoi n'aurais-je pas dû resplendir au moment de ma mort, au beau milieu d'une orgie, Place des Vosges (j'avais toujours eu le cœur fragile), fraîche et fringante encore pour une comtesse de mon âge ?

Une comtesse, dis-je. Ainsi avais-je des domestiques et pouvais-je être négligente quand et comme je le voulais. Le cimetière, toutefois, c'est une autre affaire! Mais je ne m'en irai pas sans m'être permis quelques réminiscences de mon séjour dans ces lieux.

J'ai assisté à bien des entrées depuis le jour de la mienne, mais nulle ne fut plus impressionnante que celle des cent quarante-sept derniers communards massacrés et jetés en tas à l'angle ouest. Triste fin! Je dormais à ce moment-là, c'est l'odeur du sang qui m'a réveillée. Puis le baron Haussmann est arrivé, et il n'a pas été question un seul instant pour lui de res-

ter dans sa fosse et de se conduire en digne cadavre – il a voulu s'attaquer à la réorganisation des tombes. Nous avons dû nous asseoir sur son corps et rouler quelques grosses pierres par-dessus pour le faire tenir en place.

La tombe de La Fontaine est, toutes les nuits, visitée par des animaux – la rumeur veut qu'ils viennent en pèlerinage de toute la France et même d'Italie. Sarah Bernhardt, habituée à être adulée, est jalouse de l'intérêt qu'éveille Jim Morrison. Ses crises de rage font craquer le sol autour de son tombeau et réveillent tout le quartier. Pas étonnant qu'elle ait, de son vivant, dormi dans un cercueil. Elle s'attendait à des applaudissements éternels. Quant à Jim, il a été, je le sais, un séraphin en dehors de son élément, destiné à ne pas longtemps rester au monde, et sa mort n'a rien eu à voir avec la drogue, le sexe, ou le rock'n roll. Il était seulement temps pour lui de rentrer. On voyait à ses omoplates qu'il n'était pas vraiment humain, que son anatomie comportait des ailes, et que, pour finir, il s'est envolé. À propos d'ange, on reproche à des vandales d'avoir brisé les doigts de celui, si adorable, qui veille sur la tombe de Chopin. Je vous ferai partager ce dernier secret avant de me taire et de partir pour de bon : il se ronge les ongles, dès qu'il entend, quelque part dans la ville, quelqu'un jouer mal une œuvre du maître – mauvais tempo, fausse note, piano désaccordé –, il ne supporte pas la plus petite imperfection sitôt qu'il s'agit de son Frédéric.

Et maintenant, je m'en vais, par le Métro Nécro, bien sûr. Direction Hôtel Jasmin. J'ai entendu dire sur les ondes de notre radio souterraine qu'un groupe de gentils nécrophiles arrivait demain et, tirée de mon sommeil, j'ai bien l'intention de m'amuser un peu.

Comtesse Marie De La Rochefoquecriard

L'ÉGLISE DES MARIONNETTES

«J'avais imaginé que Paris serait magnifique, étincelant, exquis. Je fus terriblement déçu. Il avait l'air morne, sale, renfrogné. Mais tout à coup, comme je tirais sur une âcre cigarette, la ville changea subrepticement. Un brouillard s'était brusquement levé. L'air se fit lucide, éloquent. Même le café noir filtré dans les tasses brunes hexagonales a pris une nouvelle profondeur et une insinuante opulence.»

– Frederic Prokosch.

Nous citerons cette curiosité, sans intention de satisfaire la vôtre : l'église des Marionnettes est l'un des plus secrets des lieux sacrés de France et peut-être même d'Europe. Nous ne la connaissons quant à nous que par ouï-dire et du fait d'une indiscrète et bavarde marionnette ivre que le hasard mit littéralement sous nos pas. Le pauvre petit bonhomme n'était plus qu'un pathétique tas d'os de bois ébréchés et de peinture écaillée dans son costume de guingois lorsque nous l'avons ramassé et porté jusqu'à un square tranquille dont la fontaine nous a permis de ranimer sa vie et notre crédulité à un même jet d'eau. L'Église des Marionnettes n'est en rien un spectacle, mais un lieu de culte privé pour la population marionnette de Paris ou d'autres pays – principalement la bruyante italienne et la dublinoise en goguette.

La messe y est une miniature silencieuse (à ce qu'on nous a dit), et la confession s'y exprime en ces gestes stylisés qui sont le propre de la paroisse. Notre informateur (doué de parole par accident génétique*) nous a raconté qu'un dimanche matin, le prêtre absent ou cassé, on dut faire appel au premier remplaçant venu, un minotaure costaud.

Les marionnettes, apparemment, parviennent régulièrement à tromper la surveillance de leurs maîtres et manipulateurs, le temps d'une messe, d'une confession, ou d'une petite bouffe dans un petit café.

* On sait qu'il fut un temps où les marionnettes parlaient.

L'ÉGLISE MÉTROPOLITAINE D'ART DE JÉSUS CONDUCTEUR

Avec sa congrégation s'élevant au nombre d'un seul, telle était l'adresse qu'Érik Satie donnait souvent comme la sienne lorsqu'il envoyait des lettres d'amitié, de remerciement, de collaboration. Satie écrivait également et postait des lettres à lui-même pour souligner chaque événement important de sa vie. L'Église Métropolitaine d'Art de Jésus conducteur, parfaitement présente et animée quoique sans édifice, avait son propre papier à en-tête, son écriture et même son vêtement. Elle continue d'exister là-même où elle importe, dans notre imagination, et à la lueur de la souriante mémoire de son fondateur et compositeur, Érik Satie.

PETITE ÉGLISE DE SAINTE-JACQUELINE DE LA SALAMANDRE
33, rue des Trois-Capitaines

Cette église intime, en réalité une simple chapelle, dans le XIVe arrondissement, offre des messes régulières à ses paroissiens et attire un nombre exceptionnel de jeunes filles nubiles et de femmes seules. Il est bien connu que ses confesseurs ne font guère grâce aux violeurs venus avec l'espoir de purifier leur conscience. Ceux-ci risquent de se retrouver les yeux bandés dans l'Eurydice Express (voir Transports, *Bus*). À la différence de sainte Geneviève qui libéra Paris des Huns, de sainte Columba de Cornouailles, la fillette de quinze ans qui sauva son village de l'attaque d'un ours, sainte Jacqueline se distingue par la singularité du sauvetage miniature dont elle fut la bénéficiaire. Adolescente bien nourrie, fiancée à un beau parti (les

deux familles se réjouissaient d'une alliance qui allait unir une grande quantité de terres, de cochons, de vaches et de ruisseaux), Jacqueline Douxvals se baignait dans un étang exactement semblable à celui dans lequel Monet se plongerait quelques siècles plus tard lorsqu'un noble cavalier qui passait par là sauta de cheval à sa vue et la traîna hors de l'eau. Imaginez la surprise de l'homme lorsque, sur le point de frayer sa voie dans la laiteuse jeune fille, il tomba sur une salamandre mâle plaquée en travers de la région même qu'il était si impatient de pénétrer. Rien de ce qu'il put tenter ne parvint à arracher la tenace créature de la honte et de l'orgueil de Jacqueline, ainsi la vertu de l'innocente Jacqueline ne fut-elle pas atteinte. Après ce miracle mineur, il fut décrété et accordé par ceux qui avaient leur mot à dire (la hiérarchie de l'église locale et les parents de Jacqueline) qu'elle entrerait dans un couvent et consacrerait une pureté si originalement conservée à l'amour de son Seigneur. La salamandre décida, sans vœu de chasteté pour ce qui la concernait, d'entrer au couvent en même temps que Jacqueline dont elle continuerait de prendre soin comme, à sa suite, ses descendants, sitôt qu'elle serait elle-même arrivée au terme de sa courte vie. Il faut admettre que la salamandre avait été à la dévotion de Notre-Dame longtemps avant le plongeon fatidique ainsi qu'en témoigne son propre petit autel.

VILLE DE PARIS

OBJETS PERDUS

Veuillez donner de l'article concerné une description aussi détaillée que possible.

DESCRIPTION : Notre groupe se constitue d'environ seize personnes y compris le guide et un jeune traînard qui n'est pas inscrit et n'a rien payé. Les autres sont moins jeunes. Plusieurs portent une casquette à visière bleue. Nous avions tous des T-shirts sur lesquels il était écrit «J'ai été vedette au Pont Neuf». Notre guide est, comme moi, entre deux âges; elle est allemande et reconnaît tranquillement que c'est par accident qu'elle nous a pris en charge puisque sa maîtrise de l'anglais est des plus hasardeuses. Mais ce qu'elle ignore de vocabulaire, elle le compense par le volume de la voix, raison pour laquelle je m'étonne vraiment d'avoir pu égarer ce groupe précis.

LOCALISATION APPROXIMATIVE DE L'OBJET : La boutique de crème brûlée, rue Mouffetard.

HEURE ET DATE APPROXIMATIVES DE LA PERTE : Aujourd'hui, Bonté divine! Je veux retrouver ces clots et ses clotesses, et en avoir pour mon argent. Ah! oui, et mon mari, aussi.

NOM ET ADRESSE : Ziggie Spurthrast, Chambre 11, Hôtel Carrington.

LE VIOLEUR EN SMOKING

Jours où tout est clair autour de nous, à peine esquissé dans l'air lumineux… et tout ce qui est en rapport avec l'étendue – le fleuve, les ponts, les longues rues et les places qui se dépensent – a pris cette étendue derrière soi, et est peint sur elle comme sur un tissu soyeux.
– Rainer Maria Rilke

Le lexique du surnaturel :
Un revenant : un fantôme qui, au sens littéral du terme, revient.
Histoire ou *conte de revenants* : une histoire de fantômes.
Ville de revenants : Paris au mois d'août.

Aux alentours de la Place Gambetta, dans le XXe arrondissement qui, légèrement suspendu, possède l'air le plus pur de la capitale et a, pour cette raison, attiré de nombreux hôpitaux ainsi que la rue piétonne à laquelle Villiers de l'Isle-Adam a donné son nom, il est une coutume qui peut, par à coups, à n'importe quel moment de l'année, de jour comme de nuit, briser la paisible surface du quartier. Les grands-mères, les mères, les adolescentes et quelques fillettes précoces y épinglent une fleur à leur corsage pour pleurer la disparition et honorer le retour et la mémoire de celui que *Paris-Presse* avait baptisé «le violeur en smoking».

Bien qu'il n'ait pas confiné ses assauts à une seule rue, c'est Passage des Soupirs qu'il a commencé sa carrière. N'a-t-il été qu'un inoffensif dandy, ainsi que les fleurs semblent en témoigner ? Tout ce que faisait, en somme, l'élégant agresseur, c'était d'accoster les femmes seules dans les ténèbres de rues désertes et les forcer à danser avec lui. Il laissait toujours en signature une fleur épinglée sur la palpitante gorge de sa victime. Si vous remontez la colline depuis la place Gambetta, et si vous voyez une jupe tournoyer sur une mesure de valse ou de tango et une femme aux yeux étincelants, vous saurez que le fantôme en smoking est de retour, invisible, et adoré.

Il n'y a pas vraiment de circonstances à voir, en dehors de celles que vous apportez avec vous ou improvisez sous surveillance, mais M. Robert Reaudrigeau, par ailleurs bricoleur de fontaines, qui fit ses débuts dans la vie dans l'un des centres de philosophie préscolaire du VIe Empire, n'a simplement pas pu remplir plusieurs salles du ramassis de pendules dont il avait fait l'acquisition après avoir passé pour la troisième fois son baccalauréat. Il vaut la peine d'acheter l'opuscule, mis à jour chaque année, qui décrit les expériences que des visiteurs prétendent avoir vécues cependant qu'ils admiraient les circonstances qu'ils avaient sous la main.

«Oui, mais laquelle ?», demanderez-vous peut-être, tout en regardant avec suspicion quelque horloge de grand-père, tandis que votre propre main interroge un gant perdu.

Comme celui de Gastronomie, le Musée des Horloges et des Circonstances collabore fréquemment avec d'autres centres à l'occasion de ses expositions temporaires. Avec le Musée du Roman Policier, il avait consacré ses salles (des horloges furent, dans certains cas, ou arrêtées ou autrement dévoyées) à des affaires de preuves circonstancielles, recréées de Sherlock Holmes, d'Agatha Christie, du commissaire Maigret. L'inspecteur Clouseau représentait un défi, avec bouffonnerie, farces et Panthère Rose. Après l'échec des multimédia, on se contenta de trans-

MUSÉE DES HORLOGES ET DES CIRCONSTANCES
5, rue des Horloges

«Chaque salle a son climat.
Dans la salle Claude
Monet, règne l'ambiance
d'une rivière.
À considérer l'eau de Renoir,
on a l'impression d'avoir
des ampoules, comme si
l'aviron avait mis les
paumes à rude épreuve.
Signac a trouvé le soleil
du maïs.
La démonstratrice des
tableaux conduit une file
de professionnels de la
culture.
Regarde, constate : l'aimant
attire le canard.»

— Ossip Mandelstam

former l'une des salles en petit cinéma permanent où étaient présentés des extraits de vieux films.

MUSÉE DE LA PORTE
48, rue Tarneval

642 Le salon de thé a été le siège d'une performance intitulée «Les esprits frappent», proposée par les esprits eux-mêmes, précédée par l'envoi d'invitations dans quelques chambres choisies parmi celles des hôtels favoris du musée. Dès l'arrivée des invités, les esprits entamèrent une séance plus ou moins normale à ceci près que les tables tournèrent, puis le vent, puis les poignées des portes, et qu'alors les esprits échangèrent leur place avec les vivants et à jamais.

«Quand madame des Ricochets sonne
Les portes se fendent pour livrer passage
aux servantes en escarpolette»

– *André Breton*

L'entrée de ce musée prend du temps à être passée, et vous avez beaucoup de manières de le faire; dès la rue, en effet, vous êtes confronté à douze portes côte à côte; faire votre choix entre elles n'est qu'un commencement puisque chacune ouvre sur une série de douze autres et que rien ne vous oblige à suivre la voie par où vous avez commencé. Chaque porte a son histoire à raconter, que vous pourrez suivre avec l'achat du catalogue – une collection de poèmes, de mythes, d'anecdotes, de nouvelles et d'écrits contemporains traitant de l'art d'entrer et de sortir. L'ordinateur installé en 1991 comptabilise les visiteurs et limite le nombre des entrées pour éviter la ruée. Mais nous vous retardons, et vous voulez voir la salle principale, où les expositions changent tous les quelques mois et présentent les œuvres d'artistes en vogue aussi bien que les portes des maisons illustres, aimées, dépossédées. Les portes des murs latéraux ouvrent sur la boutique, le salon de thé et les toilettes dont les propres portes posent de nouveaux problèmes aux inagiles et désespérés, tandis que, au fond, la pièce de résistance consiste en trois portes à tambour qui donnent sur le Musée de la Toupie.

MUSÉE DE GASTRONOMIE SINON DÉGUSTATION
456, rue Antonin-Carême

Un petit musée de cire situé dans la cave et consacré à d'illustres gastronomes tels que Brillat-savarin, Alexandre Dumas, Carême, Escoffier, MFK Fisher (reconnu récemment par les français pour son savoir-vivre et sa prose irréprochable), Rabelais et Julia Child.

Oui, le nom est rébarbatif, mais la seconde partie a dû être ajoutée : le public jusque-là se présentait avec un appétit féroce et plusieurs gardiens avaient été mordus. Ce splendide quoique petit musée est consacré aux Arts de la Table.
L'alimentation imprégnant tous les aspects de la vie, Le Musée de Gastronomie expose des collections assemblées avec la collaboration d'autres établissements : c'est le Musée des Arts Décoratifs, par exemple, qui a enrichi le *Département Pâtés et Foies gras* de son *Pâté de soie crue* ainsi que du fameux *Pâté Coussin-Coussine*, et le Musée du Roman Policier qui a cédé son *Pâté de Belle-Mère* inspiré de Simenon. La salle Gaveau offre gracieusement la *Suite* de Saint-Saëns en accompagnement des *Rillettes de Ma Mère l'Oye*.
La visite aura aiguisé votre appétit – vous êtes

passé très vite devant le *Pâté de Belle-Mère* –, et le quartier regorge de restaurants et espaces de dégustation ouverts à toute heure et à toute ère (cuisine traditionnelle, antique, archaïque, paléontologique, moderne, nouvelle, future, supersonique).

Si vous êtes pressé, vous vous contenterez de la Salle des Entrées (tarif réduit).Le Parisien invité à dîner fait volontiers le détour par ici, s'attardant aux préliminaires pour mieux savourer son plaisir. C'est l'une des raisons pour lesquelles la situation de ce musée dans la trépidante proximité du métro (lignes 3, 5, 6, 8, 10) a été finalement retenue par le ministre du Bon-Bec après qu'il en eut longuement ruminé au-dessus du plan de Paris comestible spécialement créé, quoique non sans arrière-pensées publicitaires, par la maison Fauchon, à cet usage.

«À Paris, en 1911, naquit le premier bébé cubiste d'une mère célibataire d'Avignon. Elle accoucha sur la place devant les bâtiments beiges du Louvre, sous un ciel de Paris caractéristiquement gris. C'était une grande femme anguleuse dont les surfaces des cuisses, hanches et sein se rencontraient abruptement. Elle était étendue sur le sol gris. Elle ramassa son enfant – non la vagissante et gigotante chose en quoi consistent la plupart des nouveaux-nés : celui-là était un peu raide et pâle –, elle avait du mal à tenir le corps amorphe qui empruntait au lieu de sa naissance ses couleurs. Elle sentit en s'éloignant que, hérissé d'angles, ce corps s'adaptait sans peine au sien, qu'en outre il grandissait et rétrécissait et, soudain, que son bébé avait beaucoup trop de coudes.»

– Maya Sonenberg

Votre billet d'entrée est un baiser sur le poignet, le choix du rouge à lèvre variant avec la somme que sont disposées à verser les compagnies de cosmétiques pour s'assurer de la sorte la meilleure publicité en bouches peintes.

Le Musée des Lèvres et Livres est une expérience intime : inutile donc de vous y rendre si vous n'êtes pas prêt à déposer votre armure au vestiaire avant de promener à votre discrétion votre amour de salle en salle. Les lèvres de Man Ray vous y accueillent sans mot dire, gonflées à cinquante fois leur taille originale.

Les collections permanentes du musée comprennent livres faits-main, premières éditions, peintures sur lesquelles des lèvres figurent éminemment ou dans lesquelles elles sont singulièrement pulpeuses (pensez à caresser d'un regard langoureux la miniature de Gabriel Nalou *Mademoiselle Henriette de Lacépède bécotant le museau de sa levrette*, et le grand, l'inconnu, le méconnu *Quatre lèvres à l'orée d'une bataille* de David), toiles mettant en scène la lecture (les sœurs de Fantin-Latour, le visage doucement incliné sur leurs livres demeurent un apaisant délice), les photographies d'André Kertesz prises elles-mêmes au jeu de son livre, *On reading*, vieux numéros des *Lèvres nues*, revue surréaliste belge, bouches de divers auteurs diversement reproduites.

Les expositions passées, disponibles pour votre délectation et sous la forme de leur catalogue à la

LES DÉLICES D'APHRODITE

MUSÉE DES LÈVRES ET LIVRES
39, bd Brume

MOTS À LA BOUCHE :

✻*J'aimerais acheter ce livre mais il y a une bouche qui le tient fermé.*

✻*Ah, tant mieux—il y a un dentiste à la demande à mon hôtel.*

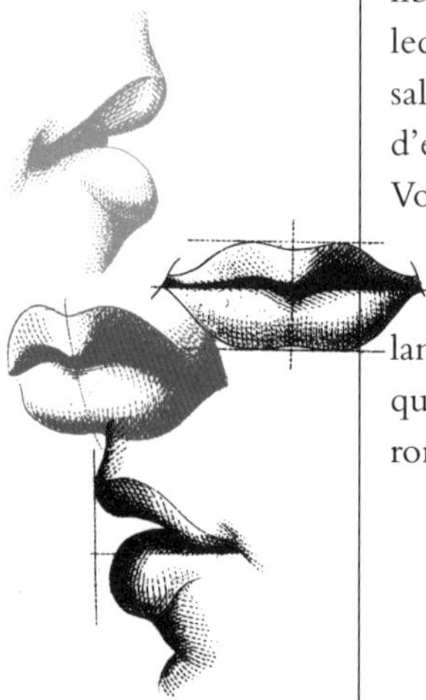

librairie du musée, ont traité de sujets tels que lecture sur les lèvres, lecture avec les lèvres. Une salle est réservée aux critiques, où plusieurs d'entre eux sont exposés à tour de rôle.

Vous prendrez un peu de repos au salon de thé du musée, dans la cour. Essayez donc sa *Tarte Trois mousquetaires*, et sa crème brûlée brûlante : elle donnera à vos lèvres à réfléchir tandis que vos récentes émotions esthétiques continueront seules à lire dans vos pensées.

MUSÉE DU CINÉMA HENRI LANGLOIS

Au cimetière du Montparnasse, vous pouvez rajouter vos fleurs de Celluloïd au collage de photographie qui fait la matière même de la tombe de Henri Langlois. Langlois a fondé et soutenu la Cinémathèque de son amour et de ses propres fonds et fut rejoint par Lotte Eisner qui avait mis à l'abri des Nazis les classiques du cinéma

allemand et qui finit par les apporter à Paris. C'est sur l'un de ces films expressionnistes allemands que nous allons ici rouler des yeux surpris. *Le Golem* a été tourné en 1914 par le réalisateur surnaturaliste Paul Wegener qui, vêtu des pieds à la tête de vêtements saturés d'argile, interprétait le rôle titre. La fabuleuse collection de décors, de costumes et de souvenirs du musée, inclut un Golem derrière une vitrine de verre, avec sa rude coupe de cheveux, l'encombrement de son immense corps, et l'amulette sur sa poitrine. [16]
Il n'a jamais été facile de comprendre le Musée du Cinéma, ces heures bizarres, son insistance à ne laisser les visiteurs à l'affût que sous l'œil du guide, mais ce sont là manies mineures auprès des événements de 1988-1989, quand le personnel commença à ne plus venir que sporadiquement, à feindre diverses maladies dans toutes les pharmacies Le Malade Imaginaire de Paris, avant d'entamer de surnaturelles grèves. Tous prétendirent avoir vu le Golem rouler les yeux sur eux et même porter les doigts sur l'amulette de sa poitrine qui servait à le mettre en mouvement, bref, se déchaîner. Ceux qui ne démissionnèrent pas ne furent mis à la porte que pour être remplacés par d'autres, rapidement terrifiés à leur tour. C'est alors que les frayeurs firent leurs premiers pas maladroits car le Golem, en si profond accord avec sa ville natale, sentit son équivalent de cœur se mettre à battre derrière son amulette à l'heure

Extraits de films au cimetière Montparnasse

16 **D'autres détails vous attendent à Prague!**

«Cette place Dauphine est bien l'un des lieux les plus profondément retirés que je connaisse, un des pires terrains vagues qui soient à Paris. Chaque fois que je m'y suis trouvé, j'ai senti m'abandonner peu à peu l'envie d'aller ailleurs, il m'a fallu argumenter avec moi-même pour me dégager d'une étreinte très douce, trop agréablement insistante et, à tout prendre, brisante.»
– André Breton

même où les clefs tintaient place Wenceslas. Ses yeux s'ouvrirent, il s'échappa de sa vitrine, puis du Palais de Chaillot, se fraya en titubant un chemin jusqu'à la rue des Rosiers, effaçant en cours de route salons de thé high-tech, boutiques précieuses et autres produits de l'embourgeoisement du Marais. Il s'arrêta chez Goldenberg, où il se munit de quelques blinis et autres provisions de pique-nique pour le soutenir durant son long voyage à travers l'Europe et prit vers l'est, droit sur la Lanterne Magique de la Révolution de Velours.

Je suis tombé amoureux de Paris non pas extatiquement, ce qui m'arriva par la suite, mais avec suspicion et malaise, comme si je m'étais attendu à être trahi. La cause en fut la lumière du soleil et la manière dont elle inondait les bâtiments avec la réticence et l'envoûtement absorbé d'un rêve. Je me penchais par-dessus le parapet du pont du Carrousel à regarder les ombres qui rampaient le long de l'autre rive. Les tours de Notre-Dame devenaient incandescentes comme des lanternes. Ou bien je m'arrêtais dans une allée près de la place du Tertre, et je voyais l'éclat du coucher du soleil sur les dômes du Sacré-Cœur qui le transformait en une resplendissante mosquée. La ville, par ce jeu de lumières et d'ombres, se transfigurait en un dédale d'émerveillement humain, de tristesse humaine, et de méchanceté humaine.

– Frederic Prokosch

PLACE DAUPHINE

«Juste en face de chez moi, Christo, le décorateur d'extérieur, met une jupe autour du Pont Neuf. J'ai toujours dit que Paris était une femme, du sexe féminin, j'entends. En fait, le sexe de Paris est juste là, derrière la taille du pont Neuf : place Dauphine. Vous connaissez peut-être cette charmante place en triangle, couverte de beaux arbres accueillants.

«À propos, cela vous intéressera sans doute de savoir qu'il y a quelques années, des gens des Monuments Nationaux ont passé aux rayons X l'énorme statue de notre truculent et bien-aimé roi Henri IV (celui de la poule au pot; il n'y avait à l'époque ni fast food ni Love Burger, les Français étaient bien contents s'ils pouvaient manger de la soupe aux lentilles). Le but de cette onéreuse entreprise était de déceler les éventuelles fissures de la statue. La surprise fut GRANDE. À l'intérieur de cette statue, il y a une autre statue, plus petite, et qui représente l'empereur Napoléon. Je vous entends d'ici : «Comment une statue de Henri IV serait-elle enceinte de Napoléon que l'Histoire n'avait pas encore conçu ?» J'ai la réponse : la statue originale de Henri a été fondue pendant la Révolution, probablement pour faire des canons, et c'est seulement en 1818 qu'une réplique en a été coulée dans le bronze d'une ancienne statue de Napoléon. Le fondeur, fervent bonapartiste, a enclos une petite statue de son héros dans la grande.

«Avouez que j'ai de la chance. J'habite si près du sexe de Paris que c'est un perpétuel inceste. Je suis plongé dedans.»

– Jean-Jacques Passera

PARIS À TRAVERS LE MIROIR

Paris est une ville complètement vêtue. Avec les vents violents qui la fendent depuis la Seine, c'est là une nécessité. Pas une fois je n'ai vu un nu déambuler par les rues; tous sont dans les musées à déjeuner sur l'herbe, même si j'ai aperçu l'autre jour une clocharde qui, la poitrine à l'air, raccommodait son lainage et ses chaussettes sur un banc. Revenue à Paris après dix semaines à Londres, j'ai vivement ressenti le changement : les Parisiens, que j'avais vus en août pour la dernière fois, étaient tout à la fois camouflés et révélés par leurs vêtements d'hiver. Les étrangères dans la rue ainsi que mes amies m'étonnaient par une beauté renouvelée, telles des animaux qui auraient pris leur pelage hivernal, emmitouflées de manteaux, bottées, enveloppées d'écharpes d'angora, de soie, de paillettes.

Que l'augmentation de la mauvaise humeur dans le métro, l'hiver venu, soit due aux effets d'une intoxication par le mouton, c'est mon hypothèse. La laine répand à travers le wagon certaine torpeur maussade au-dessus des jambes de velours côtelé. Chacun est si bien défendu qu'avoir à se toucher devient terrifiant. À travers les manteaux et les foulards des femmes, courent des traînées d'or qui n'attrapent pas exactement la lumière dans les yeux et les cheveux mais peuvent exprimer une flamme intérieure.

Je suis l'objet d'une curiosité manifeste avec les deux paires de chaussettes qui farcissent mes sandales. Je pense au tableau de Magritte, aux chaussures qui sont des pieds en même temps, avec orteils poussant des semelles de cuir et ongles qui sont presque des yeux. Je vais les chercher en carte postale à Beaubourg, elles n'y sont plus, elles sont parties, à mon avis pour le Maroc, le pays des tangerines.

Par un rare après-midi d'immense soleil déversé à travers un ciel fragile de février, je vais au Grand Palais, voir les tableaux de Claude Gellé, le Lorrain, et ce qui me frappe tandis que j'entre dans la première salle, c'est le passage des manteaux noirs contre son éternel printemps : aubes d'abricots, bleus et verts, inhumainement rose chair humaine.

Quand je vais à La Tartine prendre un café et ma tartine de pain Poilâne, tandis que j'avance en direction d'une table (toutes semblent être dans un coin, même si la salle n'a de coins que le nombre habituel et possède beaucoup plus de tables), j'enlève mon manteau, lançant de ses manches mes bras en liberté et rampant hors de son poids, et c'est comme si je me dévêtais d'un ours. «C'est mon ours», expliqué-je tout en cherchant où l'asseoir : il prend toute une chaise à lui seul, et je pense qu'il a faim. Il se nourrit de mon corps, en dérobant la chaleur pour me la rendre, et est de surcroît réversible et chinois, mais ce n'est pas un panda.

La mode est le monde féminisé. Et que disait l'*n* avant sa disparition ? Nudité ? Néant ? Le non entre le corps et l'âme ?

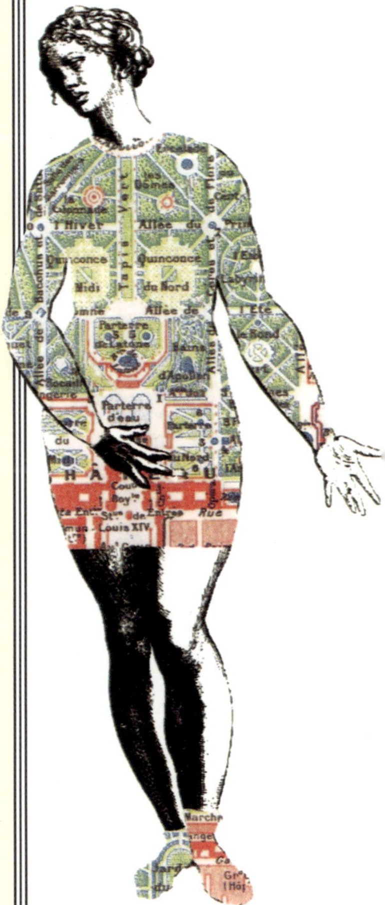

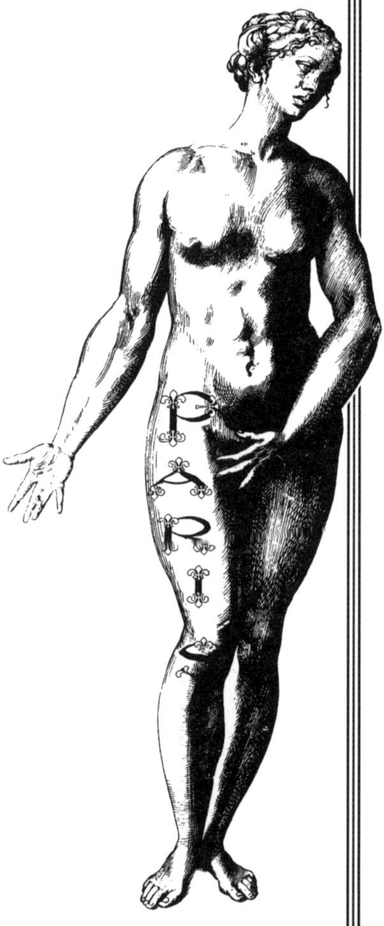

Au temps des chapeaux, et il est dommage qu'il soit sérieusement passé, c'était une cruelle défaite que celui qui n'avait pas provoqué un bon mot du premier homme croisé dans la rue. La Mode était la muse qui longeait le trottoir, inspirant à tout un chacun des poèmes.

Je vais à la piscine Pontoise. Il me faut passer trois ponts. Une fois arrivée, je me déshabille et m'habille pour l'eau, coutume étrange, mais c'est comme ça. De retour dans ma chambre, je sens que quelque chose me regarde tandis que je me glisse dans ma chemise de nuit, diaphane collaboration avec la nudité : adieu Levi-Strauss. Parmi les livres étalés sur mon lit repose un petit bouton de verre, l'œil qui a dû me suivre chez moi, car il n'appartient à rien dans mon placard et ne m'a jamais vue auparavant. J'entre dans l'œil et je vois tous les placards de Paris se répandre sur les boulevards.

MAGASINS *et* BOUTIQUES

« . . . la ville se sait léchée, chacune de ses vitrines est une zone érotique que la langue du regard caresse . . . nous les regarderons tout en sachant qu'elles sont la partie vivante d'un frisson général, d'une intimité à laquelle nous avons enfin accès . . . copulation infinie de la ville qui possède au monde le plus de vitrines et le plus de regards les caressant, les léchant, dit la ville. »

– Julio Cortázar

O PTI CIEN, Jean Gérôme. Enseigne murale – Peinture avec cadre à attributs, 1902. Concours d'enseignes de la Ville de Paris Bibliothèque Nationale de France, Paris.

À la différence des autres Grands Magasins, tels que la Samaritaine, le Printemps, les Galeries Lafayette, qui chacun constitue un tout, le Grand Magasin Molière disperse à travers la ville ses succursales individuelles nommées, selon leur affectation, d'après les titres des pièces de Molière. Les *Tartufe*, par exemple, quoi qu'ils prétendent vendre, servent toujours de couverture à quelque chose d'autre (argent étranger du Café Dada accepté). Les *Bourgeois Gentilhomme* se trouvent dans les VIIe, VIIIe et XVIe arrondissement. Les *Malade Imaginaire*, pharmacies spécialisées dans les soins aux affections réelles, exagérées et feintes, se voient à tous les coins de rue. Plus perspicaces que la plupart des médecins, leurs pharmaciens discernent, selon les cas, si un médicament s'impose ou si, administrée dans l'arrière-boutique, un peu de tendresse pourra faire l'affaire. On sait que, la veille de sa mort, gravement et authentiquement malade, Molière, qui tenait le rôle d'Argan, insista pour jouer en dépit des prières instantes de ses proches. «Mourir est difficile», dit-il, mais à la suggestion d'annuler la représentation, il protesta, montrant le petit personnel de sa troupe : «Et tout ceux-là, puis-je les priver de leur pain ?» C'est en mémoire de ces paroles qu'un *Malade Imaginaire* s'installe toujours à proximité d'une boulangerie.

Le *Misanthrope* qui s'était ouvert près de la Comédie Française offrait un emploi aux jeunes acteurs

GRAND MAGASIN MOLIÈRE

Molière d'après Mignard.

Le lexique de base du Malade Imaginaire : à propos du verbe *"chercher"*.
Aux questions suivantes : *"Vous cherchez, Madame?"* ou *"Qu'est-ce qu'il vous faut?"* vous pouvez répondre : *"Oui, je cherche l'élexir de la perpétuelle jeunesse"* ou *"Je cherche le secret de la vie éternelle."*

NOUVEAUTÉS
MOLIERE
HABILLEMENTS

·GRAND MAGASIN MOLIERE·

LOCATIONS THROUGHOUT THE CITY
PARIS

nécessiteux et l'occasion de s'aiguiser la langue en réparties cinglantes et phrases infamantes. Une bonne moitié de la clientèle, toutefois, était constituée non pas de fragiles amateurs de théâtre, mais de comédiens endurcis, lesquels ne faisaient qu'une bouchée des jeunes chiots, aussi la boutique déménagea-t-elle vers Saint-Germain-des-Prés afin d'y ébranler les habitués dans leur contentement d'eux-mêmes et les distraire un peu de leurs cafés et de leurs cinémas. Le *Médecin Volant* dispense exclusivement ses soins aux pilotes de *The Fur's going to fly* dans l'exercice de leur fonction, et recrute au passage de futures élèves pour *l'École des femmes*. Les bureaux de Change *l'Avare* ont fait long feu, les taux pratiqués ayant été ruineux pour toute monnaie et pour tout client : cela s'est su.

Que les gourmets ne manquent pas la charcuterie *Monsieur de Pourceaugnac*, ses pâtés, ses saucisses, ses produits tout juste arrivés du Limousin à Paris comme le héros que la farce malmène. De la chanson du bal masqué de *Monsieur de Pourceaugnac*, ces quelques mesures suspendues parmi les jambons :

«Lorsque pour rire on s'assemble,
Les plus sages ce me semble,
Sont ceux qui sont les plus fous».

«La psychologie, cette petite radoteuse, qui ne se trahit guère chez les coiffeurs que par les noms des parfums, les teintures et le romantisme des coiffures… n'a plus depuis longtemps déjà de secrets pour les tailleurs. C'est ainsi que tout au bout de la galerie du Thermomètre, nous trouvons Vodable qui attire les clients en s'intitulant : *Tailleur mondain*. Il vend aussi des malles et comme il dit : *All travelling requisities*. Je ne peux pas m'empêcher de penser que c'est ici que Landru, expérimentateur sensible, se faisait habiller, essayant ses costumes au milieu des bagages exposés comme autant de symboles mystérieux de son destin.»

– Louis Aragon

ARSE POETICA
39, rue des Marmonniers

Cette boutique est facilement accessible depuis le cimetière du Montparnasse où reposent les poètes ressuscités par les divers pantalons de coton, velours (lisse et côtelé), soie crue, soie grège, soie plate, soie sauvage, soie folle, soie sur soie, qu'elle propose aux clients des deux principaux sexes.
Des articles sur mesure peuvent y être exécutés dans des matières telles que carton, en commémoration de la première soirée Dada de Zurich, parchemin, pour versets grégoriens et chants d'amour des troubadours (jarretière en option pour le chevalier convaincu), ou tout autre de votre choix (on élève sur place le pantalon de fourrure en prévision d'hivers particulièrement baltiques).
Le but de l'entreprise est de répandre la poésie à travers la ville par le fond de pantalons trottant par les trottoirs, paressant le long des quais, assis sur les banquettes du métro.
C'est par là, et dans les mots de Villon, Lousabine, Valéry, Mallarmé, Jacques Roubaud, Olivier Cadiot et leur bande, que Parisiens et touristes expriment leurs passions, leurs souhaits, leurs croyances. Dans les premiers temps de la boutique, on ne voyait plus que derrières envahis de Neruda, Dickinson, Akhmatova, Unamuno, Vachu, Basho, mais des pressions furent exercées par l'Académie Française et le Ministère de la Culture qui l'obligèrent en douceur à retailler ses modèles dans l'esprit des grands auteurs clas-

Pour vous donner une idée des possibilités, nous vous proposons l'exemple de plusieurs requêtes qui ont été formulées et satisfaites. Un pantalon de smoking de velours blanc s'en est allé avec ces mots de Max Jacob «Quel hiver fut celui de 1929. Paris était de velours blanc, ses fenêtres en pierre de lune et chaque rue : ombre et lumière.»

Un chasseur de grand hôtel a dit ce qu'il avait à dire à travers l'un des *152 proverbes adaptés au goût du jour* de Paul Éluard et Benjamin Péret, brodé au petit point sur son uniforme . «Saisir le blond par ses bagages.»

Un original d'un client, Alf Musket, d'Austin, Texas : «Ton parfum sourd encore de ton ombre, ma douce petite amarante à moi.»

**Et d'un postérieur anonyme :«Entre tes jambes agitées de flammes,
la gueule fine d'un renard.»
– Claude Royet-Journoud**

**Un autre pantalon de velours à plus sombre vision du monde porte ces deux vers de Louis Aragon :
«La beauté des soirs tombe
et son ciel marie
À ce Breughel d'enfer
un Breughel de velours.»**

siques et contemporains de la France. Certains de ses filles et fils adoptifs n'en ont pas moins reçu l'approbation officielle; si vous êtes prêt à essayer…

Les volumes de poésie recouvrent deux des murs, et, naturellement dans une boutique où l'arrière-train est tout, chaises et divans vous laissent le temps de faire votre choix en toute quiétude. Outre les anthologies et œuvres complètes, de lourds volumes de stances et sonnets, quatrains et villanelles s'offrent à être parcourus aux fins tant de votre achat que du sens de la vie, mais vous ne serez reçu que plus gracieusement si vous êtes venu votre poème en main. Les Américains ont les fesses assez larges pour pouvoir se permettre quelques gros mots et échantillons de vers plus étoffés.

Dans le cas où vous viendraient quelques pensées après-coup, vous pouvez les rajouter dans la petite poche arrière spécialement destinée à cet usage – et aux petits livres –, sur le mouchoir brodé qui déclamera doucement votre message. Les mouchoirs sont en vente à la douzaine, chacun portant une phrase différente et originale, au Motchoir, rue des Larmes et Lions.

SHAKESPEARE & CO
37, rue de la Bûcherie

J'étais assise à Shakespeare and Company, en train de lire le Journal de Kafka dont je recopiais un passage qui parle d'un fouet que je ne connais que trop bien (il nous est permis de faire claquer le fouet, la volonté, au-dessus de nous de notre propre main), et puis j'ai senti, douce flagellation, qu'il était temps de partir; je me suis donc levée et je suis allée vers Laurel, elle-même en suspens au-dessus d'une table couverte de livres; comme j'arrivais près d'elle, du vin a commencé à me couler depuis le plafond sur la tête, éclaboussant mon pied droit et mon sac. Il se passait sûrement quelque chose à l'étage au-dessus, celui auquel vous montez en rampant par une échelle avec la citation de Yeats «foul rag-and-bone shop of the heart» pour vous montrer la voie. J'avais écrit, un peu plus tôt le même jour, assise sur des marches près de la place de la République, une lettre à Michael, à Londres, et le vin qui s'infiltrait dans mon sac tachait les pages mêmes du tout petit carnet sur lesquelles je l'avais écrite. La tache de vin est devenue sa propre marque commémorative, la matérialisation de son histoire sur la page.

FOLIOS À DEUX
77, rue des Anciennes-Calomnies

Une folie à deux est celle dont vous souhaiteriez qu'elle dure, mais Folios à Deux est une librairie dont la paire est le mot d'ordre. Il y aura toujours deux exemplaires d'un livre donné, beaucoup d'ouvrages sont bilingues, vous devez acheter deux livres ou aucun. Cette clause est favorable aux affaires dans le cas où vous n'en désiriez qu'un, et assez ardemment pour lui ajouter n'importe quel autre, mais la chorégraphie se complique un peu quand vous avez mis de côté une pile de titres et devez faire et refaire la queue à la caisse. C'est pourquoi la plupart des gens viennent en couple, ou en troupe. Et à propos de couple, Folios à Deux est spécialisé dans les livres dont la portée s'enrichit d'une lecture à deux, l'une des formes menacées sinon perdues de l'art d'aimer.

LE GRENIER DE TANTE AMÉLIE
13, galerie des Corbeaux

Le Grenier de Tante Amélie est épuisé depuis longtemps, mais quand sa charmante nièce Juliette s'est attaquée à la cave, quelles trouvailles! Boutons, timbres, vieilles monnaies, dents, amygdales, amourettes – quoique ce soit que vous ayez jamais égaré ou perdu a pu trouver son chemin jusqu'au sous-sol de tante Amélie. Le Bureau des Personnes Disparues a fini par y découvrir plusieurs fans de Jim Morrison qui s'étaient volatilisés au cours d'excursions individuelles jusqu'à sa tombe. De manière plutôt incongrue, tous étaient enchaînés à un poste de télévision qui avait appartenu à Marlene Dietrich (Tante Amélie et Dietrich avaient l'habitude de fumer ensemble boulevard des Italiens, et le poste n'est pas à vendre). En dépit de cet incident isolé, il n'y a aucune connexion entre Tante Amélie et le service kidnapping. Juliette sait tout de ce que la réunion avec un article perdu peut signifier pour le dépossédé, aussi les prix sont-ils un peu raides,

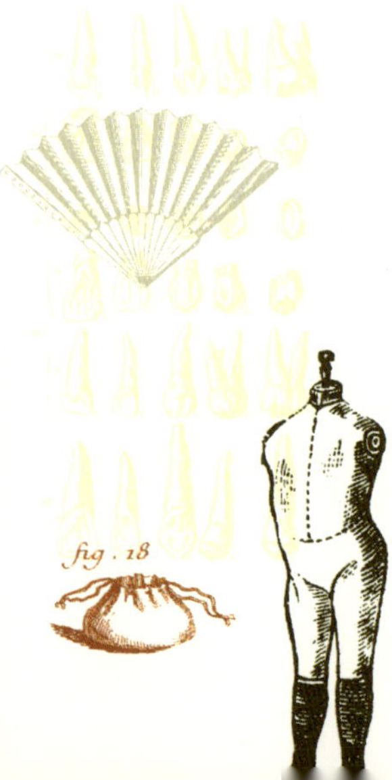

fig. 18

comme l'escalier qu'elle a installé dans le grenier avec le reste de la cave, juste pour l'atmosphère. Un petit conseil : Juliette, fine observatrice, recherchera les lueurs de reconnaissance vacillant sur votre visage (trahir son émotion peut faire monter drastiquement les prix). Il serait donc judicieux de passer d'abord quelques nuits avec un jeu de cartes, poker de préférence, aux Déboires de Pétrouchka dont quelques tables sont toujours réservées à cette fin précise.

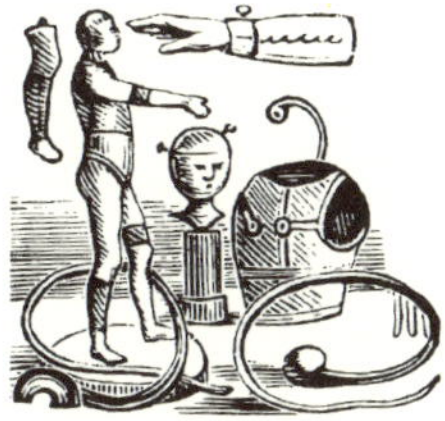

PANTALONE
65, rue des Zouaves

Zouave

Diamétralement opposé à Arse Poetica, près de la place Gambetta, se trouve un pavillon de pantalons sans arrière-pensée. Près de la caisse, une authentique colombine vous y présentera un choix de pantalons pour homme dans la fleur de l'âge. Vous trouverez le Peinetalon, pantalon pénitentiaire, le Presto, un petit saut et on en sort, et pour les gros et les costauds, le Pantagruel et le Pavarotti. Les jours creux, le pantron vous invite dans l'alcôve où une petite exposition, avec albums et vidéos, retrace l'histoire du pantalon à travers les âges et vous rappelle que c'est seulement dans les derniers siècles du monde occidental que les hommes ont commencé à s'encastrer là-dedans. Mais enfin, puisqu'ils insistent, Pantalone, du moins, pourvoit à la variété et peut même vous combiner un complet avec la

Au fur et à mesure n'est pas une expression qui tombe à pic au Pantalone.

collaboration de Jaquetier, de l'autre côté de la place Gambetta. Direction Galliéni.

BASKET
49, rue Madame

Nommée d'après les successifs et non pas simultanés grands caniches blancs de Gertrude Stein, et proche de la rue de Fleurus qu'elle habitait, cette boutique fournit les Parisiens et les touristes qui choient leurs animaux de compagnie plus qu'eux-mêmes et que leurs semblables. Ce sont les chiens qui y reçoivent le plus de place et d'attention, mais on y jette aussi quelques jouets à ronger aux cacatoès, aux ocelots et aux bébés autruches.

Laisses incrustées de joyaux pour douairières joufflues à carlin, bols d'étain de Nancy, os de cuir et bœuf séché de l'American Wild West, coussins de tapisserie de la cité des Gobelins, et une sélection exquise de friandises, débris de Fauchon et de Gargantua.

Basket possède un excellent pedigree et la double recommandation d'un vétérinaire renommé et du restaurateur Simon Aboit de Patte à la Main qui fournit ici en bavoirs spé-

ciaux à monogramme sa clientèle monosyllabique et poilue. Dessus du panier exclusivement.

RALENTI
33, rue des Éventails

Fort éloigné du combien remonté Avanti est le très très décontracté Ralenti, spécialiste du vêtement de la zone de confort. Chemises nées froissées, pantalons qui respirent à votre place, négligés pour fêtes intimes, chaussures et pantoufles de cuir souple, satin pour pieds sybaritiques. Certains modèles sont indifféremment pour homme ou femme, d'autres vraiment pas, pour les cas où c'est attirer l'autre sexe que vous avez en tête et souhaitez vous en distinguer. Il est plaisant de passer ici une demi-heure sans intention d'achat (du moment que vous faites un peu semblant), à doucement écouter de douces paroles, sentant au creux des pieds une très légère pression quand vous les glissez dans des mules. Le seul problème avec cette boutique, c'est qu'il lui faut déménager sans cesse à la recherche d'un quartier plus tranquille, chaque nouveau quartier où elle s'installe ne tarde pas à accélérer à son tour, et que cela met les nerfs du personnel à fleur de peau.

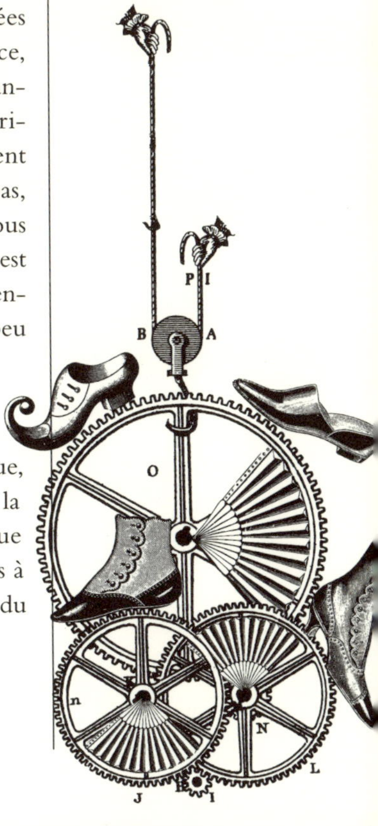

TOUS LES DEUX: BRASSERIE et BRASSIÈRIE
94–96, rue Liliane de Pouvoir

Nous ne savons pas encore avec certitude si nous laisserons cet établissement parmi les magasins et boutiques ou si nous le rangerons parmi les restaurants. Quoi qu'il en soit, il est ici pour le moment. Tous les Deux est une brasserie/brassière qui sert bière, choucroute et spécialités alsaciennes d'un côté, et offre soutien-gorge et divers sous-vêtements de l'autre. Les propriétaires, charmant couple marié, ont décidé d'unir leurs établissements après avoir constaté que les Américains débarquaient par bus entiers à la Brasserie à la recherche de froufrous à la française, tandis qu'un courant continu de Français se présentait à la Brassière en quête de rafraîchissements. À ne pas manquer : le défilé de mode à l'heure du déjeuner et la distribution de gourmandises dans les cabines d'essayage.

LA TOUCHERIE
5, place des Papillons

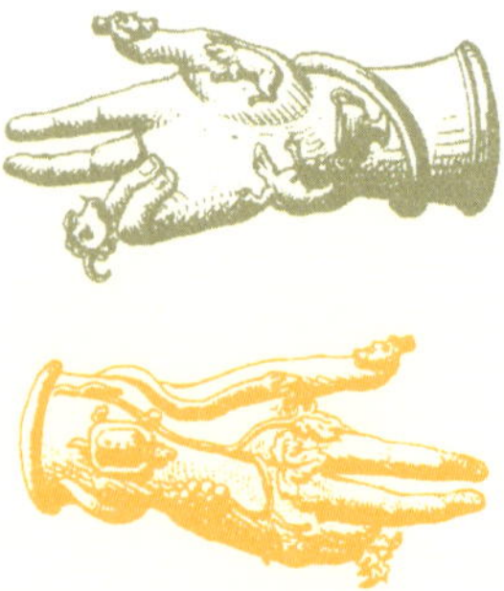

Libre service, commencent à annoncer quelques épiceries de quartier, et le cas est entendu dans les supermarchés, mais la maxime qui prévaut parmi les primeurs, c'est NE PAS TOUCHER, et il vous reste à espérer qu'ils vous auront trouvé charmant ou perspicace quand ils décideront quelles poires, pommes, carottes ou haricots verts vous reviennent. Ce ne seront pas ceux que vous auriez choisis. Vous finirez à l'usage par trouver le commerçant qui sait le mieux répondre à votre regard suppliant. Les Tunisiens tendraient à se montrer plus amicaux; si vous protestez que *ces*

suite page 142

"MA CORSETIÈRE"

« Madame Adèle, qu'elle me dit, je ne veux plus de mes hanches ! arrangez-vous ! » Alors, moi, je lui allonge ses corsets d'une bonne main, et je les serre en bas, han !... La graisse se déplace petit à petit et descend sur la cuisse. Mais, sur la cuisse, ça faisait bourrelet. J'allonge encore le corset d'une bonne main et je serre, han... Si bien que Mme P... en est arrivée à avoir ses bourrelets tout en bas, là où ça ne se voit guère. Elle est enchantée... C'est comme pour la gorge...

« Eh bien ! on attrape le sein, comme ça... N'ayez pas peur ! je vais vous expliquer avec un bout d'étoffe... On attrape le sein, tenez, comme ça, et on le plie, en bas, en le rabattant autant que possible sur les côtés. Par là-dessus, vous mettez un petit soutien-gorge : mon 14 *bis*, un amour ! Ce n'est pas à proprement parler un *soutien-gorge*, c'est un petit tissu élastique pour maintenir le sein dans la position. Et, par-dessus le tout, vous mettez mon corset, mon grand 327, la merveille du jour. Et vous voilà avec une silhouette divine, pas plus de hanche, de ventre, ni de postérieur qu'une bouteille à vin du Rhin, et surtout une poitrine d'éphèbe. Avoir une poitrine d'éphèbe, tout est là. Il fallait encore y arriver ! Eh bien, Madame, j'ai des concurrentes qui ont inventé bien des petites choses : le tissu maillot, la bande élastique pour rapprocher et comprimer les deux moitiés du postérieur, la tirette d'entre-jambes, mais je peux dire que j'ai été la première à rendre pratique, et vraiment esthétique, l'arrangement du "sein plié"! »

– Colette

endives au cœur noirci sont gâtées, eux : «Ah! mais il suffit de le dire. Voici les meilleures. Pensez à demander, la prochaine fois.» Et avec pareil service, libre ou non, il y aura sûrement une prochaine fois.

Mais passons à l'étape suivante des préliminaires. Mesdames et mesdemoiselles, soyez prévenues : M. Bofant est un charmeur éhonté, mais sa collection de produits est si exceptionnelle que ce n'est pas un grand sacrifice que de se prêter à ses plaisanteries insinuantes, à ses questions indiscrètes (vous pouvez toujours mentir et changer d'histoire la prochaine fois puisqu'il ne se rappelle ni les réponses ni les visages), et le toucher auquel renvoie le nom de sa boutique s'opère de vous aux marchandises, non de lui à ses clientes.

Vous réglez en fonction du nombre de poivrons, endives, pommes, cerises, pêches que vous avez touchés, ajoutés au poids de vos achats (tout est enregistré sur vidéo afin de confirmer les observations des assistants de M. Bofant), aussi est-il préférable d'arriver muni d'une bonne vue, d'une intention précise et d'une parfaite coordination œil-main. Vous devez garder présent à l'esprit que les autres clients ne sont pas moins exigeants que vous et ne voudront pas acheter les meurtrissures que vous aurez laissées sur des chairs délicates. Et au moins, ici, vous pouvez regarder les dessous secrets que la plupart des primeurs déploient tous leurs efforts à dérober à vos yeux.

TRANSPORTS

«Ce que nous étions serrés sur cette plate-forme d'autobus ! Et ce que ce garçon pouvait avoir l'air bête et ridicule ! Et que fait-il ? Ne le voilà-t-il pas qui se met à vouloir se quereller avec un bonhomme qui - prétendait-il ! ce damoiseau ! - le bousculait ! Et ensuite il ne trouve rien de mieux à faire que d'aller vite occuper une place laissée libre ! Au lieu de la laisser à une dame !

Deux heures après, devinez qui je rencontre devant la gare Saint-Lazare ? Le même godelureau ! En train de se faire donner des conseils vestimentaires ! Par un camarade !

A ne pas croire!»

– Sur le 84

avec Raymond Queneau

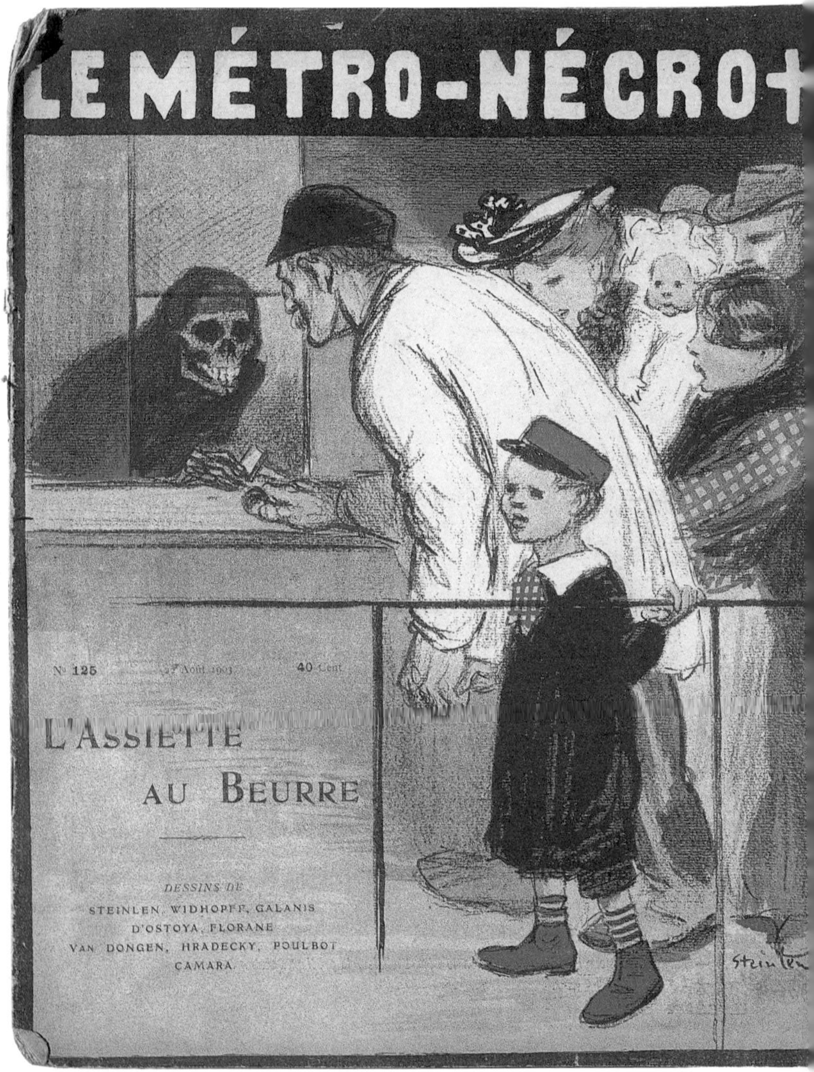
LE MÉTRO-NÉCRO
Nº 125
Août 1903
40 Cent.
L'ASSIETTE AU BEURRE
DESSINS DE
STEINLEN, WIDHOPFF, GALANIS
D'OSTOYA, FLORANE
VAN DONGEN, HRADECKY, POULBOT
CAMARA
Steinlen

Au moment de vous transformer en véritable passager du métro, du bus ou du R.E.R., vous avez l'embarras du choix : carte hebdomadaire, carte orange (mensuelle), ticket à l'unité (ridicule), carnet de dix tickets. Mais la carte de séjour qui vous permet de loger aux Taupique et Taupinière peut se révéler inappréciable pour le vrai péripatéticien. Elle étend le champ de vos aventures depuis le Taupique au centre jusqu'aux extrêmes limites des lignes de métro et de R.E.R. où la Taupinière exerce son emprise : Porte Dauphine, Pont de Levallois, Porte de Clignancourt, Pont de Sèvres, Porte d'Orléans, Porte de la Chapelle, qui festonnent Paris et sa crinoline périphérique (désolés, mais un des serveurs de Tous les Deux Brasserie et Brassière a mis la main à ce texte et a des dessous dans la tête). Pris de court, ces hôtels, lorsqu'ils n'ont plus de chambres libres, réquisitionnent quelques voitures du métro et déroulent les matelas (vous n'avez peut-être pas remarqué que les sièges se déplient). Vous risquez toutefois de vous réveiller dans une station différente, sans le bénéfice des douches du Taupique ou du Taupinière où votre nuit a commencé, puisque les voitures rejoignent les trains à l'aube, et vous vous retrouverez soudain simple petite partie de l'heure de pointe : peu de pittoresque, mais un avant-goût de la vraie vie à la Parisienne – et vous ne vous êtes même pas brossé les dents.

INTRODUCTION

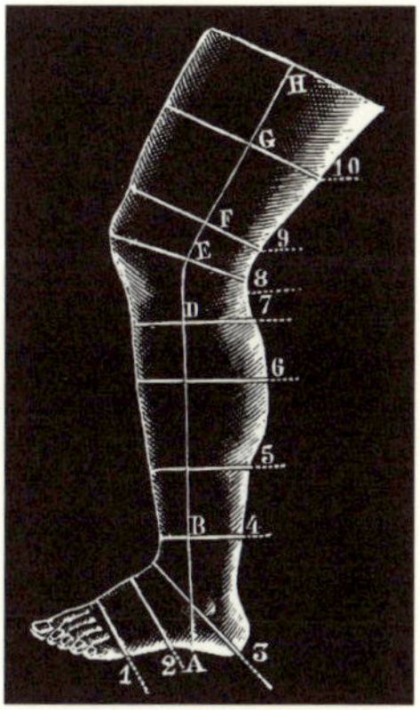

Ces panneaux indiquent à quelle distance vous vous trouvez des principales attractions.

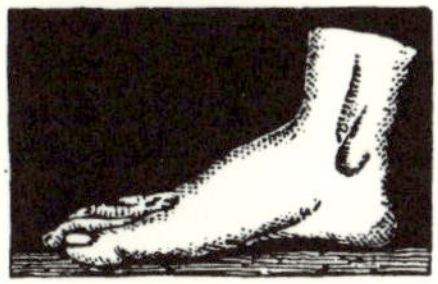

Ne marchez pas pieds nus sans l'autorisation expresse signifiée par ce symbole.

PARIS À PIED

«(La lumière moderne de l'insolite) règne bizarrement dans ces sortes de galeries couvertes qui sont nombreuse à Paris aux alentours des grands boulevards et que l'on nomme d'une façon troublante *des passages*, comme si dans ces couloirs dérobés au jour, il n'était permis à personne de s'arrêter plus d'un instant. Lueur glauque, en quelque manière abyssale, qui tient de la clarté soudaine sous une jupe qu'on relève d'une jambe qui se découvre.»

– Louis Aragon

Multiples sont les manières dont la ville de Paris vous laissera la caresser et la traverser, la plus séduisante étant souvent à pied, mais rappelez-vous que les jours ne sont plus où Gérard de Nerval paradait avec son homard en laisse. Même si vous êtes parfaitement en droit de marcher où et comme il vous plaît, vous aurez beaucoup plus d'autorité dans toutes les questions de passage si vous avez pris le soin de vous diriger vers votre mairie pour y faire l'acquisition d'un permis de piéton. Il en existe plusieurs catégories, mais nous ne saurions trop vous conseiller ceux de première classe que, de retour chez vous, vous pourrez faire encadrer et suspendre à votre mur. Voici quelques exemples du choix proposé : *piéton de province*, *piéton privé*, *piéton maison*, *piéton ordinaire*, *piéton égaré*, *piéton perdu*; les deux derniers, les préférés des touristes, vous autorisent à attendre dans la file spéciale du Bureau des Bouleversements où vous aurez fini par culbuter à la recherche d'un refuge, d'un secours ou d'une boussole. C'est en général la file la plus longue, mais comme les fauteuils y sont partie du traitement, vous verrez à peine les heures se traîner. *Piéton maison* est une catégorie à envisager si vous sous-louez un appartement pour six mois ou êtes de quelque autre manière parvenu à prolonger un séjour à l'origine prévu pour trois semaines, car le P.M. peut parfois faciliter votre ascension des six étages : au lieu d'attendre l'ascenseur, vous êtes en droit d'utiliser l'escalier.

Une paire de pantoufles du magasin, ou bazar ou souk affiliés de votre choix vous est offerte en prime. Le *piéton de province* est plutôt une plaisanterie et, en général, le cadeau d'anniversaire qu'un Parisien fait à un autre : une affectueuse insulte, en quelque sorte. Mais passons! Le niveau supérieur inclut le *piéton sans pitié*, qui vous donne le droit de cracher sur le trottoir ou la chaussée ainsi que celui de foudroyer du regard l'automobiliste que vous obligez à vous laisser passer; le *piéton politique* n'accorde pas au citoyen de protection spéciale au cours des manifestations les plus violentes, même s'il conserve un prestige fané; le *piéton pince-nez* est destiné aux myopes (peu de gens se rendent compte de sa valeur ni de combien il est aisé de tricher au test); *piéton fesses/cuisses* (en voie de disparition; il est surprenant que les féministes n'aient pas assailli les mairies à son propos); et pour les citoyens vénérables qui prennent un peu plus de temps que les autres et ont même déposé une pétition pour obtenir leurs propres voies et n'être pas bousculés par leurs cadets dans la cinquantaine : *piéton gris*.

Outre ceux-là, et quelques autres que la délicatesse m'interdit de mentionner, on trouve le *piéton possessif* (à l'usage des couples); le *piéton chaussons rouges*; le *piéton progressif* et le *piéton pensif*, pour pouvoir marcher perdu dans ses pensées. Ne pas confondre avec le permis de flâneur/flâneuse, qui s'obtient auprès d'un tout autre service et qui, en dépit de sa connotation frivole, ne doit pas être pris avec légèreté puisqu'il impose une garde-robe spécifique et une présence d'esprit appropriée.

MÉTRO JOSEPHINE

À la Clinique Joséphine, n'omettez pas de toucher de la main les statues de la fertilité de Julio Silva, Satchmo Gandhi, Réhane Ardoise et Morgana Jouberton dans la cour gréco-hindo-espagnole, et de contempler toutes les images lubriques parmi les faunes et la flore, les flammes et les fontaines du temple païen. Ici, la danse du ventre s'adresse strictement aux femmes, comme le veulent ses origines.

MÉTRO MONDRIAN

L'unique information dont nous disposons au moment de la publication de ce livre est le plan ci-dessous.

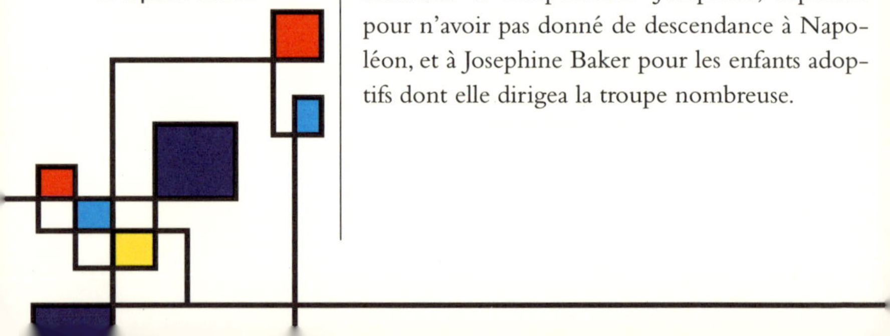

Cette station tire son nom des deux grandes Joséphine, l'impératrice et la danseuse américaine. À elle le pompon pour l'hybridité du décor : exagération de l'opulence style empire plus chefs-d'œuvre de la Renaissance de Harlem, plus masques et objets africains du genre qui explosa dans le cubisme avec l*es Demoiselles d'Avignon*. La danse effrénée y est non seulement autorisée mais requise des voyageurs dans l'attente de la rame et, si vous souhaitez vous y livrer à demi ou intégralement nu, les flics regarderont de l'autre côté, au bout, tout de même, de quelques instants, et pour regarder quelqu'un d'autre.

Si vous êtes descendu à cette station pour aller visiter le quartier de Floumourtin avec son marché regorgeant d'oies et de jars, de rubans et de vieilles dentelles de cancan, de cerises de la Vallée des Souverains et de parfaitement assortis fromages de la crémerie Zoovalse, il vaut la peine, pendant que vous y êtes, de faire un saut jusqu'à la Clinique de Maternité et Fécondité Joséphine, à deux pas de la sortie Sud. C'est un hommage endeuillé à l'impératrice Joséphine, répudiée pour n'avoir pas donné de descendance à Napoléon, et à Josephine Baker pour les enfants adoptifs dont elle dirigea la troupe nombreuse.

En montant dans le métro, je me trouve dans un tableau surréaliste. Assise au milieu de toute cette laine, cette sueur et cette mauvaise humeur, une Noire tient dans son giron généreux un grand miroir rectangulaire. Les visages, d'en haut, s'y prennent en se déplaçant. En face de moi, entre deux genoux, pousse une grande plante tropicale. Un aspirateur, tiré comme un chien (dans le métro, cette affiche : «Est-ce que l'idée de perdre votre chien vous affole ?») descend à Père-Lachaise. Devant moi, un Tunisien regarde pensivement dans une vitre qui donne sur une vitre identique qui donne dans une voiture identique en avance sur nous d'une seconde. Il presse contre son corps une porte qui lui prête un peu de sa stabilité. Le miroir se lève et me dépasse juste comme je me trouve tourner la tête : soudaine conjonction des boutons du manteau de la femme (comme une rangée d'yeux, ils me regardent) et de fragments de rayures brun-vert-rose de mon poncho, une flèche de cheveux d'or mat) – avant qu'il ne s'éloigne et sorte dans la nuit où tant de reflets luisent cherchant leur double.

MÉTRO MARQUIS DE SADE

VOUS POUVEZ AVOIR BESOIN DE L'UTILE ALIBI SUIVANT :

Je suis désolée, chéri, je suis en retard, mais j'étais empalée à la station Sade et il a fallu pour m'en tirer trois adorables brutes dont m'ont délivrée deux mauvais garçons manqués qui justement passaient par là.

Pour plus d'information au sujet de la station de Métro Marquis de Sade, voir la station de Métro Récamier, page suivante.

MÉTRO RECAMIER

Récamier est la seule station de métro où les gens ont du mal à se donner rendez-vous (mis à part l'Hôtel Taupique qui nourrit sans discrimination des personnes de toutes les couches sociales, les riches et leurs homologues clochards roupillant à leurs frais) et où les clochards réservent des semaines à l'avance pour une nuit de sommeil somptueux et libertin, avec ou sans chocolat.

Écoutant dans les couloirs du métro harpe, guitare, accordéon : soudain, de délicats tapotements et quatre jeunes aveugles descendent l'escalier. J'oublie souvent moi-même que je suis visible, tant ma vie passe par mes yeux.

Cette station luxueuse, la plus fréquentée de toutes, est le monument élevé à la mémoire du wagon-salon que connut, dans sa plus belle époque, le chemin de fer métropolitain.
C'est à son ameublement que la station doit son succès : point de bancs constellés de graffiti, d'affiches vantant les divers mérites des yaourts et des îles grecques, mais les sofas voyageurs de jadis, ici aujourd'hui fermement amarrés. Plusieurs associations culturelles de Paris, dévouées au maintien d'un passé plein de grâce dans un environnement inadéquat, financent cette extravagance. Si vous avez quelque difficulté à y trouver une place où garer votre *arse poetica* (voir *Magasins et Shopping*), vous pouvez le mener jusqu'au lointain Square Chaise Récamier, par la rue de la Chaise (votre pantalon saura bien où il se trouve).
Merveilleusement à leur aise station Récamier, rares sont les voyageurs qui songent à monter dans les rames quand elles passent, si bien que celles-ci poursuivent fréquemment leur trajet sans ralentir jusqu'à la station suivante. Tôt ou tard, l'une d'entre elles s'arrêtera, le temps d'ouvrir et refermer ses portes. Évitez pourtant cette station si votre projet est d'arriver à l'heure; sur la même ligne, la station Marquis de Sade possède des bancs garnis de pointes où seuls souhaitent s'attarder les masochistes : rien ne sert de courir, il faut partir à pointes.

VILLE DE PARIS

OBJETS PERDUS

Veuillez donner de l'article concerné une description aussi détaillée que possible.

DESCRIPTION : Un lévrier ne peut pas se perdre, c'est ce que m'a dit le vétérinaire. Il pense que je l'ai abandonné. Il s'appelle Baraka – le chien, pas le vétérinaire dont le nom est Simon et qui se prend pour un psychiatre plutôt que pour le médecin des chiens. Mais pourquoi est-ce que je voudrais me défaire d'une si bénie créature – Baraka signifie bénédiction, vous savez, et avec ses yeux pleins d'âme, vous croiriez presque que vous parlez à un saint. Du moins, c'est ce que je ressens. Je l'ai perdu dans le métro. Oh, je vois, je dois écrire ça plus bas. Conformément au règlement de la R.A.T.P., je lui ai acheté un joli sac en tapisserie de *la Dame à la Licorne* pour que sa tête, sa queue et une bonne partie de son corps en débordent – pendant qu'il tient sa cour dans le wagon –, bien sûr, avec ses yeux,

LOCALISATION APPROXIMATIVE DE L'OBJET : que j'ai déjà décrits, et la gentille façon qu'il a de prendre la main même des ivrognes. Une vieille dame qui se trouve toujours dans le métro en même temps que nous lui a tricoté un bonnet assorti au sac. Il l'avait sur la tête (couleur de terre, comme son

HEURE ET DATE APPROXIMATIVES DE LA PERTE : pelage), au moment où il s'est perdu. En bas, dans le métro. Nous allions à Asnières visiter un défunt parent. À lui, pas à moi. Mais je ne peux tout simplement pas me rappeler quand j'ai remarqué qu'il n'était plus là. Les lévriers ont tendance à se fondre, à être là sans y être. Oui, oui, je sais que c'est mon chien et que je suis censée le tenir en laisse, mais on ne peut quand même pas attacher un saint à un morceau de cuir, n'est-ce pas ?

MÉTRO MIRÓ

Cette station est décorée de peintures de Miró. Maint voyageur, les ayant prises pour des plans du métro, s'est vu lancé dans une férocement anguleuse et triangulaire équipée par les couloirs, et au-delà.

MÉTRO MÉMOIRE

Le Métro Mémoire fait par accès escale à l'Hôtel Hélas et, dans son mouvement, envoie des frissons tout le long de la ligne.

À bien des égards, le Métro Mémoire est la plus profonde des voies souterraines. Si vous en avez le loisir, vous pouvez l'emprunter jusqu'au Café Passé Composé où vous accompagnerez votre viennoiserie et vos réflexions (voir aussi Métro Miroir) d'un café imparfait. Ne seriez-vous pas en humeur de conjuguer votre vie à tous les temps, il y a bien le Café Sans Souci, mais il vous faudra changer plusieurs fois pour y arriver.

MÉTRO MIROIR

Les passagers tendent à devenir plus réfléchis sitôt qu'ils s'arrêtent à cette station des miroirs et des étangs. L'artiste conceptuel Ricky Souslesvignes a créé ses chambres d'écho pour compléter la version du mythe selon lequel Narcisse repoussa l'amour que lui portait la nymphe Écho, sur quoi il fut condamné à se regarder lui-même dans les yeux jusqu'à la fin des temps.

Allusion aux flammes de la persécution au temps de l'inquisition espagnole et propriété d'un entrepreneur germano-belge, Otto Dafé, Auto Da Fée n'est pas chaud du tout mais conçoit ses voitures (taxis flamboyants et promenades d'agrément pour les touristes) sur le modèle du monde féerique. C'est l'un des plus pittoresques spectacles animés qu'offre la traversée de la ville. Grâce aux artistes et aux subventions du Ministère de la Culture, pas une seule paire de phares n'est semblable à une autre, et il est même rare que les deux phares d'une paire le soient entre eux. Aux petites heures du jour, quand il y a peu de circulation, un de ces véhicules peut sembler de loin une énorme luciole descendant la rue de Rivoli, ou une lanterne chinoise se balançant sur le Pont des Invalides. Mais cette compagnie n'a en fait rien de mignon ni d'enfantin – n'allez donc pas inscrire les gosses pour les prochaines vacances de Pâques ou vous-même jouer les Louis II de Bavière. Ces voitures, qui évoquent davantage par leur raison d'être et leur style d'élégance les calèches des demi-mondaines en route pour le Bois de Boulogne et dont les tarifs sont à la mesure des prétentions, ont la faveur des trafiquants de drogue, potentats étrangers, occasionnels ministres et artistes. Le reste d'entre nous profitons de leur extravagance car, quel que soit le luxe fantastique de l'intérieur, c'est la vision à travers le brouillard, la pluie, la nuit solitaire, qui

TAXIS

AUTO DA FÉE

«Alors voilà. J'ai quitté le paradis hermétique (de Saint-Laurent) et je suis sorti dans un Paris bruineux dont tous les chauffeurs de taxi semblaient avoir pris des vacances... J'ai clopiné, grimaçant à la rage de dents de mon mollet, sur les pavés gras jusqu'à ce métro dont les tourniquets n'admettraient jamais une création de Saint-Laurent.»
– Anthony Burgess

garde à flot l'entreprise et nos pensées. C'est le ministre de la Culture du temps de Mitterrand qui avait fait venir à Paris pour dessiner les phares, peindre, sculpter, fignoler les carrosseries, des artistes du monde entier; leurs créations s'inspirent des contes et légendes des empires lointains et des imaginations qui s'en sont nourries. Les bénéfices exorbitants de ces promenades multicolores subventionnent d'autres projets qui permettent auxdits artistes de prolonger leur visa et de payer le loyer de leur misérable chambre de bonne mansardée au sommet de huit étages sans ascenseur dont le dernier est généralement trop étroit pour la plupart des bonnes.

TAXIS
ÇA VA CHAUFFER!

PROTESTATION :

«Est-ce que je paie aussi pour cet autre passager? Cette ménagerie de brioches, millefeuilles, et ces chapeaux en fourrure?

C'est la devise des chauffeurs, et il est curieux que les boulangers et pâtissiers s'obstinent à ne pas comprendre que ces voitures ne sont pas mieux adaptées que les autres à livrer comme frais sortis du four baguettes, ficelles, pains passion et au chocolat vieux d'une bonne demi-journée. Du fait de l'équivalent anglais de la devise, *fur's going to fly,* la fourrure va voler, il va voler de la fourrure, la compagnie choisit de préférence pour chauffeurs des Géorgiens velus en bonnet d'astrakan que les pauvres diables doivent garder sur la tête pendant les plus torrides mois d'été. L'un des plus doués d'esprit d'entreprise de ces Géorgiens, resté en connexion avec la pègre de son pays, a pris sa revanche en montant sa propre affaire dont le *vrai* nom est *Fur's going to fly.* Il s'agit d'un service d'hélicoptères qui livrent les manteaux de fourrure aux riches femmes de Paris, de Londres, de Vienne, de Berlin, en lâchant les paquets sur leurs balcons. Les pilotes, dont beaucoup sont d'anciens athlètes, mettent leur orgueil à frapper dans le mille et doivent parfois livrer bataille avec les patrouilles des Droits des Animaux qui ont dû prendre à leur tour leur vol. Notre magnat géorgien possède son propre hélicoptère – avec chauffeur suintant – tapissé de renard, de vison et d'hermine.

Leçons de mouton

Quelques automobilistes parisiens n'ont pas de peau de mouton sur leurs sièges de voiture et circulent avec le mouton vivant sut les genoux. «Revenons à nos moutons» est donc le cri de l'homme qui parcourt l'un après l'autre tous les niveaux du parking à a recherche de sa bêlante Peugeot.

BUS
ORFÉO

Orphée est l'unique bus qui ne verbalise ni n'expulse les musiciens. Des auditions s'y déroulent, et l'artiste de rue prometteur peut y faire des débuts remarqués. Les talents lancés sur l'Orphée sont jetés dans l'arène pour jouer face à la foule, aux critiques et aux applaudissements (voir Vie Nocturne et loisirs, *les Arènes de Tobermory*). Vous êtes censé payer ces divertissements du montant raclé au fond de vos poches et vous estimer heureux de le faire. Des années plus tard, vous pourrez dire :»Ce gars-là, je l'ai entendu pour la première fois avec son saxophone (ou violoncelle, ou zemba, ou flûte) entre la Gare du Nord

«Un Anglais libertin soutenait que le meilleur endroit pour faire des femmes, à Paris, étaient les bureaux d'omnibus, et l'observation est d'un étranger qui connaissait son Paris.»
– Edmond et Jules de Goncourt

et le Parc Chauve-Souris; j'avais ma fiancée sur les genoux.» Parfois, quand les musiciens se lancent dans l'une de leurs merveilleuses improvisations, vous oubliez où vous alliez et commencerz à improviser votre propre vie. N'est-ce pas pour cela que vous voyagez, pour retrouver de telles sensations ?

BUS
EURYDICE

L'Eurydice Express, autrefois relié à l'Orphée, disparaît sous terre à Denfert-Rochereau. Les passagers courent un risque : peu d'entre eux résistent à la tentation de regarder en arrière. Il est certainement plus sûr de se contenter de présenter ses respects à Rabelais dans les Catacombes, juste à côté, et d'émerger une demi-heure plus tard avec des alluvions plein les chaussures, de la boue plein les genoux, et un petit coup de claustrophobie. Vous vous débarrasserez du tout dans la spacieuse splendeur de La Coupole, boulevard du Montparnasse.

LES CATACOMBES

LA COUPOLE

BUS
TZIGANE

Proverbe tzigane : "A vouloir un monde, on déclenche le feu, et lorsqu'on l'obtient, il ne reste plus que de la fumée".

Le Tzigane est particulièrement accommodant avec les passagers sans destination précise et encombrés de paquets, toute leur vie cliquetant d'appareils électriques, de breloques, de pots et de casseroles noircis. Fumer est non seulement autorisé mais encouragé s'il s'agit de Gitanes

– et, femmes, couvrez, s'il vous plaît, des chevilles trop lascives pour être vues.

BUS
AUX DÉLICES D'ARCHIMÈDE

Une alternative au Périphérique : le Pathétique

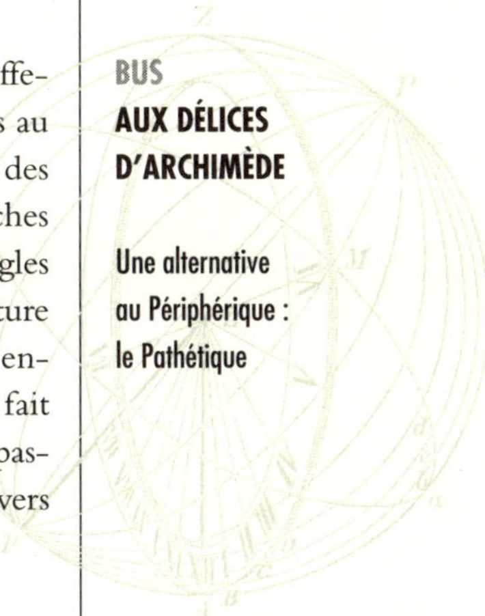

Oui, on dirait le nom d'un restaurant rue Bouffetard, mais il s'agit vraiment d'une ligne de bus au tracé strictement géométrique qui vous sert des tiropitas, des spanakopitas, et de petits sandwiches et gâteaux coupés en carrés, rhomboïdes, triangles et parallélogrammes (des étudiants en architecture travaillent aux cuisines d'Archimède où ils s'entraînent à la construction de maquettes). Du fait de leur penchant pour la ligne droite, ces bus passent beaucoup de temps hors de Paris ou à travers squares et jardins quand on ne les regarde pas.

BUS
MARELLE

Ce bus tire son nom du roman de Cortázar qui se déroule entre Paris et Buenos Aires. Il revient toujours au Pont des Arts, a parfois une correspondance avec le 62, et dépose les rares passagers influençables près des axolotls du Jardin des Plantes (voir Vie Nocturne et Loisirs). Les bus Marelle sont en sympathie avec ceux du Minotaure qui parcourent les labyrinthes, métaphysiques et autres. Si cela vous laisse perplexe, quelques séances auprès d'un spécialiste de Philosophe à l'Heure ne vous seront pas inutiles.

À L'ARRÊT DU 69, SAINT-PAUL, RUE DE RIVOLI

Je suis dans mon poncho, celui qui amène «Ah! Ça me rappelle le Maroc», rue du Roi-de-Sicile, sur les lèvres du vieil homme, et celui aussi que je porte dans mon rêve (tandis qu'en fait, je dors dessous) quand quelqu'un pointe le doigt sur moi et dit : «Elle est géographe». Le roi de Sicile est une leçon de géographie à lui seul, avec son royaume de bric et de broc. Mais revenons à l'arrêt de bus : je fais soudain partie d'un trio, avec un couple venu d'Algérie, tous trois attendant ensemble en une leçon de géographie spontanée. La femme caresse mon poncho et demande quel animal mythologique fournit ce vêtement (note : pourquoi est-ce toujours ce qui m'arrive quand je porte les vêtements des autres ?). Lui me parle d'une ville d'Algérie : personne n'y vient et personne n'en part, elle est complètement autosuffisante, dans ses murs, et coupée du reste du monde. La femme continue à caresser mon poncho en répétant son nouveau mot : lama.

ADIEUX
AU LECTEUR

Les réjouissances ne s'achèvent pas ici, et votre voyage commence tout juste. Nous vous laissons aux soins des transports afin que vous puissiez être transporté de corps et d'âme où que vous le souhaitiez. Faites vos arrangements, vos dérangements, envoyez-nous une carte postale depuis la Poste du Pont Traversé, le pont entre désir et assouvissement. Bienvenue alors à vos propres pas; ils vous mènent au Café Destinée, vous rencontrez un autre Introuvabiliste au Musée des Lèvres et Livres, ou prenez votre essor dans un hôtel silencieux. Paris est à vous, à votre demande, et nous espérons que vous avez trouvé de nouvelles questions, et non pas des réponses, au moment où vous allez laisser à découvert la part ensoleillée et la part noctambule de vos incomparables traces. Les fenêtres veulent vos yeux, les visages votre reflet, la vie d'une ville invite la vôtre.

P. 53 : Guillaume Apollinaire, *Alcools,* © 1971 Editions Gallimard, Coll. Poésie, Paris.

P. 82 : Guillaume Apollinaire, "La Jolie Rousse" *in Calligrammes,* © 1970 Editions Gallimard, Coll. Poésie, Paris.

P. 11, 87, 132, 146 : Louis Aragon, *Le Paysan de Paris,* © 1978 Editions Gallimard, Coll. Folio, Paris.

P. 75 : Louis Aragon, "Tapisserie de la grande peur" *in Le Crève-cœur,* © 1980 Editions Gallimard, Coll. Poésie, Paris.

P. 60 : Honoré de Balzac, *Le Colonel Chabert,* © 1995 Editions Flammarion, Coll. Etonnants Classiques, Paris.

P. 84 : Charles Baudelaire, "Les Yeux des Pauvres" *in Le Spleen de Paris. Petits Poèmes en prose,* © 1973 Editions Gallimard, Coll. Poésie, Paris.

P. 51 : Nina Berberova, *De cape et de larmes,* traduit par Luba Jurgenson, © 1990 Editions Actes Sud.

P. 28 : André Breton, "Un homme et une femme absolument blancs" *in Le Revolver à cheveux blancs,* © 1966 Editions Gallimard, Paris.

P. 104, 118 : André Breton, "Vigilance," *in Le Revolver à cheveux blancs,* © 1966 Editions Gallimard, Paris. *Poèmes,* © 1948 Editions Gallimard, Paris.

P. 124 : André Breton, *Nadja,* © 1988 Editions Gallimard, Coll. La Pléiade, Paris.

P. 67, 153 : Anthony Burgess, *Homage to Qwert Yuiop,* © 1986 Anthony Burgess. Londres, Hutchinson, 1986.

P. 104 : Blaise Cendrars, *Emmène-moi au bout du monde !...,* © 1956 Editions Denoël, Paris.

P. 141 : Colette, "Le Corsetier" *in Contes des mille et un matins,* © 1970 Editions Flammarion, Paris.

P. 129 : Julio Cortázar, *Paris ou la vocation de l'image,* essai accompagnant les photographies de Alecio de Andrade. Traduit de l'espagnol par Françoise Campo-Timal, Paris. © 1981 Julio Cortázar. Genève : RotoVision S.A.

P. 62 : Sonia Delaunay, *Rythmes et couleurs,* © 1971 Editions Hermann, Paris.

P. 82 : Lawrence Durrell, *Balthazar* , © 1958 Lawrence Durrell. Londres, Faber and Faber, 1962.

P. 28, 94 : Richard Ellman, *Oscar Wilde,* © 1988 Richard Ellman. New York, Alfred A. Knopf, 1988.

P. 101: Richard Ellman, *James Joyce,* © 1959, 1982 Richard Ellman. Rev. ed. New York ; Oxford University Press, 1982.

P. 99, 156 : Edmond de Goncourt, *Journal,* © 1989, Editions Robert Laffont, Paris.

P. 135 : Max Jacob, "Ballade de la visite nocturne", *in Ballades,* © 1970 Editions Gallimard, Paris.

P. 20 : Gilbert Lascault, *Un monde miné,* © 1975 Christian Bourgois Editeur, Paris.

P. 117 : Ossip Mandelstam, *Voyage en Arménie,* traduit par Louis Bruzon, *L'Ephémère 19-20,* hiver-printemps 1972-1973.

P. 60, 63 : George D. Painter, *Marcel Proust, les années de maturité : 1904-1922,* traduit par G. Cattaui et R.-P. Vial, © Editions Mercure de France, Paris.

P. 125 : Jean-Jacques Passera, "Paris" *in Exquisite Corpse.* © 1985, 1995 Jean-Jacques Passera. Reproduit avec la permission de Jean-Jacques Passera.

P. 112, 124 : Frederick Prokosch, *Voices: A Memoir* © 1983 Frederick Prokosch. New York, Farrar, Straus & Giroux, Inc., 1983.

P. 143: Raymond Queneau, "Surprises" *in Exercices de style,* © 1947 Editions Gallimard, Paris.

P. 103, 106 : Raymond Queneau, *Zazie dans le métro,* © 1959 Editions Gallimard, Paris.

P. 40, 107, 116 : Rainer Maria Rilke, *Cahiers de Malte Laurids Brigge,* traduit par Maurice Betz, Éditions du Grand-Chêne à Lausanne et Émile Paul frères à Paris, 1945.

P. 80 : Jacques Roubaud, *Le Grand Incendie de Londres,* © 1989 Editions du Seuil, Paris.

P. 134 : Claude Royet-Journoud, "Le Cercle nombreux" *in Le Renversement,* © 1972 Editions Gallimard, Paris.

P. 120 : Maya Sonenberg, "Nature Morte" *in Cartographies.* © 1989 Maya Sonenberg. Hopewell, N.J.: Ecco Press, 1990. Reproduit avec la permission de The Ecco Press.

P. 19 : Paul Valéry, "Chant de l'idée-maîtresse" *in Mélange,* © 1957 Editions Gallimard, Coll. La Pléiade, volume 1, 1e édition, Paris.